Andy Schwab

Die Hilfe der Geistigen Welt

Andy Schwab

DIE HILFE DER GEISTIGEN WELT

Wie der Himmel den Menschen
zu Hilfe kommt

Aquamarin Verlag

Deutsche Originalausgabe
1. Auflage 2017

Voglherd 1 • D-85567 Grafing

Umschlaggestaltung: Annette Wagner
Redaktionelle Unterstützung: Christian Salvesen

Druck: CPI • Birkach

ISBN 978-3-89427-797-0

Inhalt

Vorwort

Es war auf einem großen Kongress in Basel vor einigen Jahren. Ich durfte berühmte Medien anmoderieren und die Welt der Jenseitskommunikation hautnah erleben. Ganz erfüllt setzte ich mich in einer Pause an eine Theke, bestellte etwas zu trinken und kam mit einem humorvollen, warmherzigen Menschen ins Gespräch. Sofort waren wir mitten drin in spirituellen Themen des Jenseits, der Erleuchtung und diversen anderen Topics der Szene, und mir wurde klar: Dieser Mensch hat tiefes Wissen in all diesen Bereichen. Erst als er sich mit Andy Schwab vorstellte, dämmerte mir, dass ich es hier mit einem sehr erfahrenen Jenseitsmedium zu tun hatte, der sich aber zugleich intensiv mit dem Erkenntnisweg der spirituellen Suche beschäftigt, bei vielen Lehrern alter spiritueller Traditionen gelernt hatte und auch selbst lebt, wovon er spricht.

Schon immer fragte ich mich: Widersprechen sich denn Erfahrungen medialer Menschen mit denen, die sich mit Erwachen und Erleuchtung beschäftigen? Sollte das nicht alles miteinander verbunden sein? Was davon ist Illusion, was davon ist in gewisser Weise wahr, weil es der Seele auf ihrem Erkenntnisweg hilft, und worauf können wir uns auf dem Weg tatsächlich vertrauensvoll ausrichten?

Andy liefert mit seinem Wissen und seiner Lehre darauf sehr hilfreiche Antworten. Er schätzt die tröstende und sinnfüllende Arbeit der Jenseitsmedialität ebenso wie die Erkenntnissuche auf dem spirituellen Weg nach der letzten Wahrheit und Liebe. Nichts widerspricht sich, es ist einfach eine Sache der Perspektive, der Ausrichtung, der Fragen, auf die es jeweils unterschiedliche Antworten geben kann. Die gegenseitige Verbundenheit in Liebe, die auch zwischen den Leben fortbesteht, die Führung durch die Geistige Welt, unser Aufgehobensein im Urgrund des Absoluten – alles Elemente unseres Seins.

Andy überrascht dabei immer wieder mit sehr bodenständigen Informationen. Er ist kein Mensch der Theorie, sondern ermutigt, sich selbst auf den Weg zu machen. Das macht er auf humorvolle Weise, konkret, alltagsbezogen. Sein Credo: „Drei Dinge helfen uns auf dem spirituellen Weg: Praktizieren, Praktizieren und Praktizieren."

Dabei ist er auch selbst immer wieder auf dem Weg. So kann es schon vorkommen, dass er wochenlang für niemanden zu erreichen ist, weil er sich in ein Schweigeretreat irgendwo in einem indischen Ashram zurückgezogen hat – um zwei Wochen später gut gelaunt auf seiner Harley zum nächsten Veranstaltungsort in München zu fahren und dort seine Erfahrungen mit den Besuchern zu teilen.

Immer, wenn wir uns wieder einmal treffen, um gemeinsam Projekte zu planen, zu philosophieren oder zu lachen, verabschiedet er sich mit den Worten: „Schau zu Dir!" Das ist wohl eine in der Schweiz übliche Redewendung, die aber auch für das steht, was Andys Anliegen ist: Uns selbst besser kennenzulernen, selbst auf dem Weg zu sein, ist das Wichtigste auf dem spirituellen Weg. Und dazu bietet Andy wundervolle Wissensbausteine.

Thomas Schmelzer

Einleitung

Die Frage, was nach dem Tod kommt, beschäftigt uns alle immer wieder, mal stärker, mal eher im Hintergrund. Die Ungewissheit macht uns Angst. Wir fühlen uns oft gehetzt und nervös. Wir denken, sprechen und verhalten uns so, als wollten wir irgendetwas überdecken.

Wie in meinem ersten Buch „Die Liebe der Geistigen Welt" beschreibe ich hier, was jeden von uns, aus meiner Erfahrung, nach dem Tod erwartet. Als Medium habe ich über zehntausend Kontakte zu Verstorbenen aufgenommen. Was sie berichten, stimmt auffallend überein. Ich habe diese Arbeit gewählt, um den Wesen in der Geistigen Welt meine Stimme zu geben, so dass sie sich hier auf der physischen Erde bemerkbar machen und mit ihren Lieben reden können.

Wir Lebenden können jederzeit mit den Verstorbenen Kontakt aufnehmen. Sobald wir unsere Gedanken konzentriert an jemanden schicken – leise, laut oder schriftlich – werden diese Worte, Bilder und Sätze ankommen, ohne jeden Zweifel. Den Verstorbenen hingegen ist es nicht möglich, sich so klar auszudrücken, weil die feinstofflichen Sinne der Menschen in aller Regel nicht ausgebildet oder offen sind. Der menschliche Geist ist so voller Gedanken und Emotionen, dass er die Botschaften aus der Geistigen Welt nur selten klar empfangen kann.

Als mir zum ersten Mal bewusst wurde, wie sehr die Geistige Welt auf Medien angewiesen ist, war mir klar, dass ich mich in diese Richtung entwickeln möchte. Ich wollte mich der medialen Kommunikation wirklich in ihrer ganzen Tiefe widmen und später auch Medien ausbilden, die diese Arbeit mit guter Qualität, Hingabe und Liebe fortsetzen und so vielen Verstorbenen eine Stimme geben. Jedes Mal die Hingabe in den Vordergrund zu stellen und sich dem Risiko auszusetzen, dass der oder die Verstorbene vom Empfänger nicht verstanden wird, ist eine Grundlage meiner Arbeit.

Eine gute Sitzung kann bei einem Empfänger sehr viel auslösen. Auf der einen Seite kann die Trauer abgeschlossen werden, da man jetzt weiß, wo der Verstorbene ist und was er macht. Man kann sich auf eine Begleitung der eigenen Lieben verlassen und wissen, dass man sie irgendwann wieder sehen wird. Auf der anderen Seite kann das Wissen um das Leben nach dem Tod beim Empfänger auf ganz anderen Ebenen sehr viel Heilung auslösen und die Prioritäten im Leben verändern, so dass das wirklich Wichtige mehr in den Vordergrund kommt.

Stellen Sie sich vor, wie befreiend es sein kann, eine problematische Situation mit einer lieben Person klären zu können – und zwar über die scheinbar unüberwindbare Grenze zwischen Leben und Tod hinweg. Sie können sich mit einem verstorbenen Partner oder Elternteil austauschen; und die Verstorbenen können ihren Hinterbliebenen mitteilen, dass sie noch da sind. Sie können ihnen beistehen, mit ihnen fühlen und auf sie im Jenseits warten.

Die Angst vor dem Sterben kann genommen werden, wenn wir verstehen und wissen, dass es nach dem körperlichen auf der anderen Seite im Jenseits ein geistiges Leben gibt. Alle Religionen behaupten das, aber erst durch die Medialität wird die Realität des Lebens nach dem Tod klar fassbar und verständlich. So entsteht in der Geschichte der Menschheit das erste Mal eine Zwei-Wege-Kommunikation, die jedem Menschen offensteht – wie eine Demokratisierung und Öffnung zum Paradies, der Geistigen Welt.

Im ersten Teil dieses Buches bringe ich in Erinnerung, was wir allzu oft vergessen, nämlich welche zentrale Rolle Liebe und Tod in unserem Leben spielen. Wir können lernen, mehr in unseren Körper hineinzuspüren und feinstofflich wahrzunehmen. Einige Merkmale der Geistigen Welt beschreibe ich am Beispiel meines Großvaters. Er hat dort eine erstaunliche Wandlung erlebt.

Im zweiten Teil gehe ich ausführlicher auf meine mediale Arbeit ein. Jeder von uns ist von Geburt an medial. Bei ihren Kindern können Eltern das fördern oder abblocken. Manchmal tut es dem Kind nicht gut, wenn es Verstorbene sieht. Das ist ein wichtiges Thema. Ein weiteres spannendes Thema ist, wie die Geistige Welt beim Heilen hilft. Ich berichte in diesem Teil des Buches auch von meinen Seminaren, von Einzelsitzungen, von öffentlichen Auftritten, unter anderem mit meinem ehemaligen Schüler Pascal Voggenhuber. Es kommen auch andere Menschen zu Wort, die ihre Erfahrungen beschreiben.

Der dritte Teil ist der persönlichen Entwicklung auf der Erde und der Verbindung zur Geistigen Welt gewidmet. Hier werden ganz verschiedene Aspekte angesprochen. Vor allem geht es darum, nicht dauernd irgendetwas hinterherzujagen, sondern einfach einmal zu entspannen und wahrzunehmen, was *jetzt* ist. Dabei zu sein im eigenen Leben, mitzubekommen, was wirklich gerade im Moment stattfindet.

Der vierte Teil befasst sich mit spirituellen Fragen und bezieht auch die indische Weisheitstradition ein. Was bedeutet Reinkarnation? Was ist Erleuchtung? Ich erzähle hier auch von meinen Begegnungen mit spirituellen Meistern wie Osho und Sri Aurobindo auf feinstofflicher Ebene.

Im fünften Teil trage ich der Tatsache Rechnung, dass die Geistige Welt in allen Kulturen und zu allen Zeiten eine zentrale Rolle gespielt hat. Was wir (immer noch sehr wenige) Medien hier in Europa tun, ist nur ein winziger Ausschnitt. Der Kontakt zur Geistigen Welt umfasst alle Völker, Kulturen und Menschheitsepochen. Wie kontaktieren Schamanen die Geister? Was glaubten die alten Ägypter und Griechen? Welche Vorstellungen von Hölle und Himmel herrschten im Mittelalter? Wie begleiten die tibetischen Buddhisten ihre Verstorbenen? Was ist Spiritismus? Diese dokumentarische Darstellung lasse ich jeweils am Ende eines Kapitels aus der Geistigen Welt kommentieren.

„Ende gut, alles gut!" – so heißt der Schlussteil dieses Buches. Es ist aber natürlich nicht das Ende. Es gibt kein Ende. Es gibt nur diesen Moment.

Viele gute Einsichten beim Lesen wünscht Euch/Ihnen

Andy Schwab

Teil 1
Die Liebe der Geistigen Welt

1 Liebe und Tod

Was ist Liebe?

Die Liebe hört nie auf. So steht es in allen heiligen Schriften, so auch in der Bibel; und fühlen wir nicht immer wieder, dass das stimmt? Zumindest in gewissen Momenten, wo das Leben uns zu umarmen scheint. Es ist so. Unsere Lieben, die gestorben sind, Väter, Mütter, Partner, Freunde, Großeltern, aber auch Kinder, sie sind nun alle in der Geistigen Welt und wollen uns helfen und in jeder Hinsicht unterstützen.

Auch für uns wäre es selbstverständlich, für unsere Kinder, Partner und die, welche wir lieben, da zu sein, sie zu unterstützen und an sie zu glauben. Warum sollte sich das ändern, nur weil wir keinen Körper mehr haben?

Körperlose Unterstützung

Überlegen Sie einmal für sich selber: Wie sieht denn die Unterstützung aus, die wir meistens erfahren? Ist sie körperlich oder eher geistig? Gewiss, eine Umarmung tut gut. Der warme, kräftige Händedruck vom Chef gibt Energie. Eine körperliche Berührung kann so wunderbar heilen. Doch zugleich wissen und spüren wir: Der

Kontakt ist nicht nur physisch. Da wirkt eine unsichtbare Kraft. Wir kennen diese Kraft. Sie ist im Grunde überall.

Das Gefühl, mit allen – auch den Verstorbenen – verbunden zu sein, zu wissen, dass meine Lieben für mich da sind, ist essenziell in meinem Leben. Das Gefühl zu haben, nicht alleine, sondern angenommen und akzeptiert zu sein, geliebt zu werden. In schweren Stunden Beistand zu bekommen und in fröhlichen Stunden teilen zu können.

Unsere Väter und Mütter, alle, die uns geliebt haben, hören nicht auf uns zu lieben nach dem eigenen Ableben. Diese Liebe und Zuwendung bleiben erhalten; denn die Verstorbenen fühlen mit uns mit, sie kennen uns und teilen unser Leben. In Gedanken sind wir immer wieder mit unseren Lieben verbunden, wie in Lebzeiten, so auch nach dem Tod. Und vergessen wir nicht: Für uns sind die Verstorbenen zwar weg, unsichtbar, in einer anderen Dimension, im Jenseits. Für die fünf irdischen Sinne wie Hören, Riechen, Tasten, Schmecken und Sehen sind sie nicht mehr wahrnehmbar.

Trotzdem sind sie da; und spätestens nach unserem eigenen Ableben werden wir die vor uns Gegangenen wieder treffen und uns mit ihnen unterhalten können. Es ist nicht vorbei mit dem Tod, es geht weiter. Eine Geburt auf einer anderen Ebene, eine andere „Zustandsform“, aber es ist nicht zu Ende.

Meine gestorbenen Großmütter zum Beispiel begleiten mich stets. Vor allem bei meinen Kursen kommen sie regelmäßig, weil sie mich unterstützen wollen bei meiner Arbeit. Sie helfen mir, Medien und spirituelle Heiler darin auszubilden, mit der Geistigen Welt zu arbeiten. Aber auch andere Verwandte, Freunde und Bekannte und zum Teil unerwartete Besucher aus der Geistigen Welt kommen bei meinen Kursen vorbei. Weil sie die Arbeit spannend finden, weil es ihnen Freude bereitet und nicht zuletzt auch, weil sie bei mir sein und meine Arbeit unterstützen möchten. Ein Aspekt dabei ist, dass ich meine eigenen Leute gut kenne und darum auch die Qualität meiner Schüler bei einem Jenseitskontakt mit mir besser beurteilen kann. So kann ich meinen Schülern noch individueller eine Hilfestellung bieten, da ich in diesem Falle die Beweise und Informationen besser einschätzen kann.

Gefühle und feinstoffliche Wahrnehmungen

Für die Geistige Welt ist es einfach, gute Gedanken, Wünsche, Inspiration, Mitgefühl, Verständnis, Liebe und Hingabe an die Lebenden weiterzugeben. Die Verbindung, die die Verstorbenen zu den Lebenden haben, bleibt ununterbrochen bestehen. Doch sie offenbart sich auf eine andere Weise, da der grobstoffliche Körper nicht mehr existiert. Dennoch sind und bleiben Gefühle die wichtigste Verbindung zwischen uns und der Geistigen Welt.

Was sind überhaupt Gefühle? Wie werden sie wahrgenommen? Ist dazu nicht ein physischer Körper nötig? Ich werde noch genau darauf eingehen, was und wie die Verstorbenen fühlen. Gehen wir zunächst von dem aus, was wir hier von unserem Erdenleben kennen. Welche Gefühle mögen Sie? Ich schlage einmal einige vor: Freude, Begeisterung, Glücklichsein, Stärke und Gesundheit, Heiterkeit und Gelassenheit, Verliebtsein. Auch Erfolg wird gerne als ein Gefühl aufgefasst. Dazu passen „Triumpf", „Stolz" oder „Überlegenheitsgefühl". Hier kann es schon umkippen in einen Bereich, der eher unangenehm ist oder werden kann: Überheblichkeit, Gier oder Verlust. Negative Gefühle wollen wir möglichst vermeiden oder schnell wieder loswerden: Angst, Wut, Trauer, Eifersucht, Ungeduld und Minderwertigkeitsgefühle. Doch sie gehören zum Leben dazu, haben beziehungsweise machen auch Sinn.

Viele dieser Gefühle können wir bei anderen an ihren Gesichtern erkennen, sie zeigen sich äußerlich. Innerlich spüren wir sie irgendwie im Körper; und sie drücken sich in Gedanken und Worten aus – bei Künstlern und Musikern auch in Bildern und Tönen. Könnten sie ohne unseren Körper existieren? Nach dem, was mir aus der Geistigen Welt vermittelt wird, ist das so. Sie offenbaren sich sogar stärker und reiner ohne die Überlagerung durch die physischen Sinne.

Der innere Körper

Wenn wir die Augen schließen und so zugleich die äußere Wahrnehmung des Körpers als einer festen Form ausklammern, können wir den Körper von innen spüren. Sie können das gleich jetzt beim Lesen ausprobieren. Spüren Sie zunächst die Nasenlöcher beim Ein- und Ausatmen. Ein… aus. Ist da ein Kribbeln? Wie fühlt sich das an? Angenehm oder unangenehm? So werden die Nasenlöcher zum Beispiel wärmer beim Ausatmen und kühler beim Einatmen. Folgen Sie nun dem Strom der Atemluft im Inneren; in den Brustraum, wie er sich ausdehnt und wieder zurückgeht. Vielleicht können Sie auch Ihren Bauch spüren. Was Sie wahrnehmen, sind Körperempfindungen. Das sagt Ihnen zumindest Ihr Verstand. Doch wenn man immer öfter, genauer und tiefer spürt, möglichst mit geschlossenen Augen (und Ohren), entsteht und entwickelt sich eine eigenartige, womöglich bisher unbekannte Erfahrung. Sie hat keinen bestimmten Namen, weil sie im normalen Leben praktisch nicht beachtet wird. Ich nenne es „Präsenz“ oder „feinstoffliche Wahrnehmung“. Dies ist der Bereich oder die Frequenz, wo die Verbindung zur Geistigen Welt deutlich wird.

Präsenz

Liebe, Fürsorge, Geduld und viele weitere positive Gefühle sind im Grunde feinstofflich. Sie sind nicht an den Körper gebunden. Auch weniger positive Gefühle wie Unsicherheit, Angst, Ungeduld, Abneigung, Hass, Gier, Verlangen und viele weitere sind auf der feinstofflichen Ebene angesiedelt.

Alle diese Gefühle können sich über den Körper manifestieren und verstärkt werden, die Quelle ist jedoch nicht der Körper. Der

Körper ist vielmehr ein „Medium“. Leider beschränken wir uns allzu oft auf den äußeren, physischen Körper. Wie sehe ich aus? Wie fit bin ich? Ganz viele Menschen kommen ein Leben lang nicht dazu, einmal zu überprüfen, was denn da noch sein könnte außer dem, was die fünf Sinne übermitteln.

Es ist so, dass wir unsere Gefühle oft erst wahrnehmen, wenn sie sich über den Körper manifestieren. Der Körper ist ein geniales Werkzeug, sich selber wahrzunehmen und zu spüren, was los ist – aber er ist nicht das einzige. Die feinstofflichen Gefühle sind eine Art inneres Wissen, das sich den physischen Sinnen entzieht. Dennoch ist es das Normalste von der Welt, sich zu fragen: Wie fühle ich mich gerade? Begrüßen wir uns nicht ständig mit: „Wie geht's?“

Auch ob wir jemanden mögen oder nicht mögen, ist eine Art Wissen, das auf Spüren basiert. Oder wenn uns etwas verdächtig vorkommt: Hier stimmt etwas nicht! Das ist mir nicht geheuer!

Auf ähnliche Weise ahnen wir die Gegenwart von gerade Verstorbenen. Meist wird das schnell wieder beiseitegeschoben. „Kann doch gar nicht sein!“ „Hab ich mir bestimmt nur eingebildet.“ Wir sind derart fixiert auf den physischen Körper und die sinnlich wahrnehmbare Welt, dass alles andere keinen Platz hat. Im offiziellen Erziehungs- und Ausbildungssystem sind jedenfalls bisher keine Übungsstunden für diese tieferen Wahrnehmungen vorgesehen. Eigentlich ist meine Generation die erste, die sich solchen Wahrheiten öffnet und beginnt, sich auch den tieferen Schichten des menschlichen Daseins zu widmen. Nur eine Generation vor mir mussten sich alle – wie mein Großvater – auf das Überleben konzentrieren. Gefühle und feinstoffliche Wahrnehmungen waren kein Thema.

Tod und Vergänglichkeit

Tod unbekannt

Die menschliche Sterblichkeit war früher offen-sichtlicher als heute. Haben Sie schon einmal einen echten Leichnam gesehen? Wenn jemand in der Familie gestorben ist, wird der Körper meist nicht mehr gezeigt. Er verschwindet im Sarg unter Blumenkränzen, oder die sterblichen Überreste landen in der Urne. Die meisten Jugendlichen hierzulande kennen den Tod nur aus Filmen.

Die Gemälde aus früheren Zeiten mit am Galgen baumelnden Menschen, Pesttoten und in der Schlacht Gefallenen demonstrieren: Der Tod war für die Menschen allgegenwärtig. Das Leben war in der Regel viel kürzer und leidvoller als heute bei uns. Viele Menschen sehnten sich danach, endlich diesem irdischen Jammertal zu entkommen. Auf die Frommen wartete laut Kirche der Himmel; und mit etwas Geld konnte man seine Seele oder die der Verwandten immerhin von den Qualen der Hölle oder des Fegefeuers freikaufen.

Doch jeder Tod eines geliebten Menschen wurde und wird natürlich als ein tief schmerzlicher Verlust empfunden; und wenn es dann tatsächlich ans Sterben geht, verspüren wohl viele Angst. Was nach dem physischen Tod kommt, ist nun einmal ungewiss. Woher soll ich es wissen? Ich war ja noch nicht tot. Einen gewissen Anhaltspunkt geben die Nahtod-Erfahrungen sowie die Botschaften der Verstorbenen. Davon handelt auch dieses Buch.

Was immer in der Welt zu existieren scheint: Es kommt und geht, taucht auf und verschwindet, wird geboren, altert und stirbt. Das soll gemäß den Wissenschaften sogar für die Berge und die Sterne gelten. Was jeder in diesem Leben unmittelbar erfährt, wenn ein naher Mensch stirbt und der Körper verschwindet – ist ein unbegreiflicher Schock. Tatsächlich öffnet sich hier ein Abgrund oder ein schwarzes Loch inmitten einer scheinbar gut funktionierenden Welt.

Der Kontakt

So wunderbar es ist, mit einem lieben Menschen auf der Erde verbunden zu sein, so schrecklich ist sein Verlust. Allerdings kann eine tiefe Liebe auch hier im vergänglichen Leben etwas von der Ewigkeit offenbaren. Es gibt Augenblicke zeitloser Vereinigung. Sie mögen im Laufe der Zeit in Vergessenheit geraten. Doch sie sind immer da. Ich erlebe in meiner Arbeit als Medium immer wieder, wie die Liebe durch einen Jenseitskontakt erneut stark und lebendig wird. Eine 60-jährige, die verzweifelt über den Verlust ihres Mannes war, schrieb mir in einem Dankesbrief, nachdem sie mit ihm über mich Kontakt bekommen hatte:

„Ich spürte immer mehr, wie eng Kurt und ich verbunden sind. Ich nehme ihn immer mehr wahr und spüre, dass er viel Zeit bei und mit mir verbringt. Ich spreche mit ihm und spüre seine Liebe und seine Wärme. Abends sitzt er auf meinem Bett und gibt mir einen Gutenachtkuss. Ich weiß jetzt, dass mein geliebter Kurt immer bei mir ist, mich begleitet und beschützt. Ich bin sehr dankbar für die schönen Stunden, die ich mit Kurt verbringen durfte, und ich werde ihn immer und ewig lieben, denn er wird immer mein Sonnenschein sein. Ich weiß, wenn auch ich diese Erde verlassen muss, kann ich meinen Kurt wieder in die Arme nehmen."

Die Initiative ergreifen

Der Verlust eines lieben Menschen ist immer ein herber Schlag und eine große Herausforderung, denn wir sind noch hier, aber unser geliebter Verstorbener scheint verschwunden zu sein. Auf der einen Seite haben wir ja gelernt, dass das nicht ganz stimmt, auf der anderen Seite ist es aber wichtig, durch die Trauer hindurchzugehen und den Verlust der körperlichen Form eines Menschen anzunehmen. Dabei sollten wir die verschiedenen Aspekte des Verlustes beachten.

Ich komme alleine auf diese Welt und verlasse sie alleine. Das ist so, wird aber gerne übersehen und vergessen. Selten sind wir von unserer Geburt bis zu unserem Tod von denselben liebenden Menschen umgeben. Vielmehr gehört es zur Natur des Lebens, dass die, die zuerst da sind, vor uns gehen, und wir vor denen gehen, die nach uns kommen. Der Verlust von jemandem aus einer früheren Generation oder auch der gleichen Generation ist also gewissermaßen „normal". Damit ist eigentlich immer zu rechnen.

Mit dem Tod eines geliebten Menschen stirbt allerdings nicht nur der Mensch selbst. Auch die Projektionen verschwinden, die wir auf diesen Menschen gelegt haben. Sie sind nun ohne Halt.

„Ich brauche diesen geliebten Menschen, um glücklich zu sein. Ich kann nicht ohne ihn leben!" Das sind verständliche Ausrufe der Verzweiflung. Doch mit der Zeit müssen wir zu uns selbst und unserer eigenen inneren Stärke zurückfinden.

Wir neigen dazu, in uns selber nicht entdeckte oder entwickelte Eigenschaften auf unsere Lieben und Familienmitglieder zu projizieren und können uns dann ein Leben ohne sie nicht vorstellen. Diese Projektionen halten uns bereits schon zu Lebzeiten gefangen. Wir machen uns von dem anderen abhängig. „Ohne ihn schaffe ich das nicht!" „Er oder sie kann das, ich nicht." Das ist natürlich überhaupt nicht wahr. Der Tod eines solchen Menschen wird uns lehren, diese Fähigkeiten auch ohne ihn oder sie zu entwickeln. Das können alltägliche Sachen wie Bügeln, Nähen, Kochen, Rechnungen schreiben, Einzahlungen tätigen oder Nägel einschlagen sein. So etwas kann jeder ziemlich leicht lernen.

Es geht weniger um die Eigenschaft oder Fähigkeit als um die Projektion auf den verlorenen Menschen. Die Eigenschaften, die wir auf den anderen projiziert haben, scheinen plötzlich zu fehlen. Das macht einen Teil von Trauer und Verlust aus: Die schiere Unfähigkeit oder mangelnde Motivation, zu bügeln oder Rechnungen zu zahlen, weil das bisher die Aufgaben des anderen waren.

Das geht aber noch viel tiefer in Bezug auf Eigenschaften unserer Persönlichkeit. So kann es sein, dass wir bestimmte Fähigkeiten in uns nie wahrgenommen und entwickelt haben, weil wir sie jeweils am anderen so bewundert und geliebt haben. Das könnten kreative Begabungen wie singen, tanzen oder malen sein. Oder das Organisieren und Strukturieren von Events. Natürlich haben die Menschen unterschiedliche Eigenschaften, Neigungen und Fähigkeiten.

Die wichtigste und am meisten übersehene Fähigkeit ist allerdings die, sich selbst zu akzeptieren und zu lieben, ohne Wenn und Aber. Mache ich diese natürliche Fähigkeit von einem anderen Menschen abhängig, indem ich auf sein Einverständnis oder seine Erlaubnis warte, dann behindere ich mich selbst in jeder Hinsicht, vor allem in dem inneren Wachstum, das mir von Natur aus zusteht.

Stirbt also der geliebte Mensch, dem wir scheinbar alles im Leben verdanken, steht es uns frei, bis zum eigenen Tod in Verzweiflung und Mutlosigkeit zu versinken, oder aber wir können erkennen, dass wir alle diese positiven Eigenschaften in uns selber haben, entwickeln, fördern und leben können.

Loslassen

Der Tod ist das Einzige, was mit Gewissheit eintrifft in jedem Leben, und doch wird er erfolgreich ignoriert. Niemand will sterben. Wir alle wollen irgendwie ewig leben und ein wundervolles Ziel erreichen. Aber was kann denn in einer materiellen Welt wirklich erreicht werden? Wir können doch nichts über den Tod hinweg mitnehmen, was wir in der materiellen Welt zu besitzen glauben. Alles werden wir zurücklassen, was hier einen Wert zu haben scheint.

Diese ganze von Menschen gestaltete Welt basiert auf der Vorstellung eines unbegrenzten Wachstums und ständiger Weiterentwicklung: Von allem immer mehr, mehr und mehr. Das einmal Erarbeitete wollen wir nicht loslassen, da wir uns ja auch darüber definieren. Ich sage, denke und fühle: *Mein* Körper, *mein* Wissen, *meine* Familie und *meine* Lieben, *mein* Reichtum, *meine* Ansichten und Meinungen, *meine* Emotionen und Gefühle, *mein* Leben.

Wir identifizieren uns mit allen Aspekten des Lebens, mit unseren Eigenschaften, unserem Wissen, unseren Ansichten, den Personen, die wir lieben und die uns lieben sowie mit den Objekten unserer Begierde: Wir vergessen dabei, dass all das, was wir zu sein und zu haben scheinen, einer permanenten Veränderung unterworfen ist. All das, was wir denken zu sein, wird sich mit dem Tod auflösen, und eine neue Realität wird neue Einsichten und Wahrheiten präsentieren.

Leben bedeutet ständige Veränderung, Wandlung und Verwandlung. Das führt auch den Verstorbenen durch verschiedene Stufen und Schritte der Erkenntnis, der Reinigung und der Läuterung. So werden wir uns als Verstorbene ebenfalls weiterentwickeln und unseren Beitrag leisten in der Weiterentwicklung unserer Seele.

Aufgrund der neuen Realität in der Geistigen Welt und der daraus entstehenden Einsichten erwächst ein größeres Verständnis in jedem Einzelnen für das eigene Leben. Was vorher so unentbehrlich und erstrebenswert schien, Besitz, Ansehen, Einfluss oder Genuss, und was mit Emotionen wie Stolz, Gier, Angst, Unsicherheit verbunden war, kann nun leicht losgelassen werden. Es erscheint bedeutungslos. Doch mit tiefem Verständnis und Mitgefühl, gelegentlich auch mit Bangen und Sorge, werden die Lebenden wahrgenommen, die sich darin immer wieder verstricken.

Wir können hier offensichtlich zwei Ebenen unterscheiden. Auf der einen Seite haben wir diese übergeordnete Sicht, die auf Verständnis, Verzeihen, Nachsicht, Toleranz und Vergebung basiert. Auf der anderen Seite haben wir Menschen auch Emotionen und Gefühle, die wir nicht einfach wegdrücken, sondern bewusst wahrnehmen und ins alltägliche Leben integrieren sollten. Diese beiden Ebenen sind nicht gleichbedeutend mit Leben auf der Erde und Leben in der Geistigen Welt. Sie sind in diesem Moment gleichzeitig präsent und wirksam. In unserem Herzen mögen diese zwei Gegensätze zusammenpassen, und vielleicht können wir sie auch intellektuell auf einen Nenner bringen. Doch oft genug führen sie zu einem inneren Konflikt, der uns krank machen kann. Ein großer Teil aller Krankheiten ist psychosomatisch. Körper, Geist und Seele befinden sich nicht im Gleichgewicht. Einen Weg, das zu ändern, bietet die folgende innere Reise des Spürens und Empfindens.

Bodyscan 1: Von den Zehen zum Becken

Ich sitze entspannt, während ich diese Worte lese. Der Rücken ist gerade. Die Handflächen und Unterarme ruhen auf den Oberschenkeln. Ich gehe nun mit meiner Aufmerksamkeit durch den Körper von unten nach oben.

Ich beginne mit dem rechten Fuß. Kann ich den Kontakt der Fußsohle zum Boden spüren? Wie fühlt sich das an? Empfinde ich etwas in den Zehen? Kann ich zwischen den einzelnen Zehen nur durch Hinspüren unterscheiden?

Ich wandere mit meiner Aufmerksamkeit langsam vom rechten Knöchel zum rechten Knie. Wie ist die Empfindung in den Waden? Warm oder eher kühl? Weich oder eher hart? Kann ich in die Mitte des Knies hineinspüren?

Ich scanne den Oberschenkel… Oberseite … empfinde ich die Kleidung auf der Haut? Was noch? Unterseite … wie fühlt sie sich an? Schwer? Leicht? Ein leichtes Prickeln? Ich erspüre den weiteren Verlauf des Oberschenkels: Wo endet er? Kann ich die Verbindung zum Becken empfinden? Mit der Übung wird das Empfinden immer feiner. In jedem Fall kann ich spüren, wie meine rechte Pobacke die Sitzunterlage berührt. Was ist das für eine Empfindung? Angenehm oder eher unangenehm?

Langsam wandert die Aufmerksamkeit nun durch das Becken von rechts nach links. Spüre ich, wo und wie der linke Oberschenkel am Rumpf sitzt? Ich durchleuchte den Oberschenkel mit meiner Aufmerksamkeit langsam, achte auf Ober- und Unterseite, spüre ins linke Knie hinein, in den Unterschenkel und den linken Knöchel. Ich fühle nun meinen linken Fuß von innen: Wie berührt er den Boden? Fühlt sich der große Zeh anders an als der kleine?

Ruhig ein- und ausatmend bleibe ich entspannt beim Empfinden des Körpers. Die Aufmerksamkeit darf sich frei bewegen.

Bodyscan 2: Vom Kopf zum Bauch

Ich sitze entspannt auf einem Stuhl oder auf einem Kissen. Der Rücken ist gerade, die Augen geschlossen. Die Handflächen und Unterarme ruhen auf den Oberschenkeln. Ich spüre, wie die Luft beim Ein- und Ausatmen die Nasenflügel berührt. Es folgt nun eine Anleitung, wie sie die bekannte buddhistische Lehrerin Ayya Khema ihren Schülern gegeben hat:

Jetzt wollen wir die Achtsamkeit auf die Kopfspitze transferieren. Eine Stelle so groß wie eine größere Münze. Dort stellen wir die Empfindungen fest. Sie können stark oder leicht sein. Auf der Haut oder unter der Haut. Pochen. Bewegung. Stille. Druck. Erweiterung. Zusammenziehen. Diese oder jede andere Empfindung. Es kommt nicht auf die Art der Empfindung an. Es kommt nur auf die Wahrnehmung an. Die ganze Achtsamkeit auf die Kopfspitze lenken.

Dann die Achtsamkeit wie einen sich öffnenden Fächer über die Schädeldecke verbreiten. Stelle nach Stelle mit der Achtsamkeit berühren. Und Empfindung um Empfindung feststellen. Wenn sich dann die Achtsamkeit über die ganze Schädeldecke verbreitet hat, die Empfindung der ganzen Schädeldecke beibehalten.

Jetzt die Achtsamkeit auf den Haarwirbel lenken. Dort feststellen, wie es sich anfühlt. Nicht von außen darauf schauen, sondern von innen spüren. In dieser Stelle mit dem Geist sein. Dort ansetzen. Die Achtsamkeit wie einen sich langsam öffnenden Fächer über den Hinterkopf verbreiten zu der Stelle, wo der Nacken ansetzt. Stelle nach Stelle wahrnehmen; und dann die Wahrnehmung des ganzen Hinterkopfes beibehalten. Wie fühlt es sich an? Warm? Kühl? Bewegung? Kribblig? Druck? Angenehm? Unangenehm? Neutral?

Soweit ein kurzer Ausschnitt aus einer Anleitung von Ayya Khema.

Ich gehe mit meiner Aufmerksamkeit weiter in den vorderen Teil meines Kopfes, in mein Gesicht. Unzählige Muskeln zeigen in diesem Bereich nach außen, was ich gerade fühle, doch selten spüre ich diese Muskeln von innen. Wie fühlt sich jetzt die Stirn an? Ist sie glatt und entspannt? Kühl oder warm? Was ist mit den Schläfen? Rechts … ein Pochen? Links? Ich spüre in die Augäpfel. Rechts … irgendein leichter Druck? Wie ist es beim linken Augapfel? Wangenknochen und Kiefer … . Die Kiefermuskeln sind die stärksten im gesamten Körper. Wir zerkauen damit die Nahrung. Hier zeigt sich deutlich das Tier in uns. Wie fühlt sich dieser Bereich an? Ich beiße jetzt die Zähne zusammen. Wie fühlt sich das an? Verkrampft? Unangenehm? Ich lasse wieder locker.

Ich gehe mit meiner Aufmerksamkeit weiter im Körper nach unten. Ich fühle in den Nacken und in den Hals hinein, in die Schultern, den rechten Arm hinunter bis in die Fingerspitzen. Links ebenso. Der Brustkorb hebt und senkt sich beim Ein- und Ausatmen. Ich spüre genau hin. Im Rücken kann ich vom Nacken abwärts Wirbel um Wirbel scannen. Wenn ich verkrümmt sitze, spüre ich das unmittelbar und sitze wieder aufrecht. Wie empfinde ich den Bauch? Eng oder weit?

Ich bleibe noch eine Weile im Fühlen des Bauchraums und Unterleibs. Die Aufmerksamkeit erweitert sich auf den ganzen Körper. Was ist das für ein Gefühl: Dieser Körper von innen? Ist das eine Art Raum? Was ändert sich? Was bin ich in diesem Ganzen? Ich bleibe im Fühlen…

2 Mein Großvater

Vor vielen Jahren hat sich mir einmal meine Ahnenreihe mütterlicherseits gezeigt. Mein Großvater, Urgroßvater und Ur-Ur-Großvater haben sich mir vorgestellt und versucht, meine Fragen zu beantworten, warum jemand ist, wie er ist.

Die Geschichte eines Lebens

Die Geschichte meiner Vorfahren steht für die Geschichte vieler armer Familien auf der ganzen Welt. Außerhalb der Schweiz war die Situation allerdings meist noch viel schlimmer. Immerhin war die Schweiz in beiden Weltkriegen eine „kriegsfreie" Insel. Die Bevölkerung wurde nicht vom eigenen oder fremden Militär überfallen und ausgehungert. Die Schweiz lag nicht in Trümmern, so wie große Teile Europas.

Wo mein Großvater Johannes als junger Mann in einer Fabrik gearbeitet hatte, steht seit einigen Jahren ein Schild. Darauf werden die Arbeitgeber gelobt, dass sie im Kanton Zug in den Jahren vor dem zweiten Weltkrieg erstmals „Häuser mit Wohnungen" für die Arbeiterschaft zur Verfügung stellten. So konnte man den bisher üblichen Wanderarbeitern eine adäquate Behausung anbieten, und die Familien konnten sesshaft werden.

In so einer Wohnung hat meine Mutter einen Großteil ihrer Kindheit verbracht, bei ihrem Vater und ihrer Stiefmutter zusammen mit ihrem Bruder. Es war ein überaus hartes Leben, auch noch zu Zeiten, als meine Mutter jung war. Schuhe waren ein Luxus, und im Winter musste man beim Ofen sitzen, wenn man nicht frieren wollte. Meine Mutter schwärmt heute noch davon, dass sie zum Glück ihr Bett nahe zur Wand an der Küche hatte und es darum im Winter etwas wärmer war als sonst in der Wohnung.

Kampf ums Überleben

Wie ich von meinem Großvater und seinem Vater, Großvater und Urgroßvater erfuhr, war das Leben äußerst karg und entbehrungsreich in einer Form, wie wir modernen Menschen uns das kaum vorstellen können. Es gab im Winter kaum Dämmung, nicht genügend Holz zum Heizen, zu wenig warme Kleidung und Hunger war an der Tagesordnung. Mein Großvater und seine Vorfahren waren einfache Arbeiter, die weder Land noch Titel und keinen Rang hatten. Der tägliche Kampf ums nackte Überleben prägte die Generationen vor mir. Der Tod wohnte gewissermaßen nebenan. Die schwierigen Lebensumstände führten zu vielen Schwächen und Krankheiten, die aufgrund der fehlenden Heilungsmöglichkeiten viel mehr Leben kosten als heute.

Schulen gab es kaum. Mein Großvater war der erste in seiner Familie, der Lesen, Schreiben und die Grundrechenarten lernte. Mehr war zu dieser Zeit nicht drin, denn man musste zu Hause mitarbeiten oder auswärts arbeiten, um den Lebensunterhalt zu erwirtschaften. Gefühle und Emotionen hatten in dieser Welt keinen Platz, noch wusste überhaupt jemand um die Hintergründe. Erst die moderne Psychologie brachte das Wissen um Gefühle und Emotionen ins Bewusstsein der Gesellschaft.

In der Enge dieses Aufwachsens war es meinem Großvater nie auch nur im Ansatz möglich, über Gefühle weiter nachzudenken.

Das Funktionieren innerhalb der Familie im Überlebenskampf hatte die höchste Priorität. So war auch sein Vater – mein Urgroßvater – ein sehr strenger Erzieher. Repression und Gewalt gehörten zu den normalen Erziehungsmethoden und wurden von der Kirche unterstützt.

Erst die Generation nach dem zweiten Weltkrieg musste nicht mehr nur um ihr nacktes Überleben kämpfen. Es entstand zum ersten Mal so etwas wie Freiraum und Freizeit auch für die ärmere Bevölkerung.

Mein Großvater hat mir die Augen geöffnet für die äußeren und inneren Gründe seines Verhaltens und somit auch zum Teil für die Ursachen meines eigenen Verhaltens, da ja Muster über die Generationen weitergegeben werden. Wir können nicht leugnen, dass wir viele unserer Verhaltensmuster von unseren Eltern und/oder Erziehungsberechtigten übernommen haben.

Mein Großvater war das älteste von achtzehn Kindern. Er musste schon mit zehn Jahren für acht Geschwister die Verantwortung mit übernehmen. Die Vorgaben waren klar: Wenn er nicht absolut alles genau so ausführte, wie sein Vater es befohlen hatte, gab es Prügel. Die einzige Erziehungsmethode unter diesen schwierigen Verhältnissen war die Repression. Mein Urgroßvater war nicht nur äußerst hart, sondern neigte auch zum Jähzorn, was sich auf meinen Großvater übertragen hat.

Harte Erziehung

Als mein Urgroßvater knapp über neunzig war, besuchten wir ihn. Ich war vier oder fünf Jahre alt. Alle lachten und hatten eine gute Zeit. Mein Urgroßvater machte auf mich einen freundlichen Eindruck. Als ich mich dann aber am Himbeerstrauch zu schaffen machte, wurde ich wie aus dem Nichts mit einer heftigen Ohrfeige zurechtgewiesen.

Mein Urgroßvater war kein schlechter Mensch. Er kannte nichts anderes als das, was er selber von seinem Vater mitbekommen hatte. Es gab damals keinen Raum für Widersprüche oder Aufbegehren, noch für Kreativität oder persönliche Bedürfnisse. Die materiellen und emotionalen Bedingungen erlaubten dies einfach nicht.

Als mein Großvater einmal als Zwölfjähriger zwei Stunden zu spät nach Hause kam, weil er mit Freunden an einem wunderschönen Frühlingsnachmittag die Zeit vergessen hatte, hagelte es harte Schläge. Vater und Mutter straften ihn mit Nichtbeachtung, und es gab zwei Tage nichts zu essen.

Diese Kindheit erklärt zu einem großen Teil, warum mein Großvater ein schwieriger und jähzorniger Mann wurde. Er wusste es einfach nicht besser. Alle Gefühle und Wünsche mussten unterdrückt werden.

Ich empfand damals schon als Kind einen krassen Widerspruch zwischen dem, was innerhalb der Familie ablief – wo man ungeschönt und ungeschliffen war und es immer wieder extrem rau zuging – und dem Eindruck nach außen hin, wo man «heile Welt» spielte. Dieser unglaubliche Druck, nach außen hin «perfekt» zu erscheinen, förderte innerhalb der Familie völlig falsche Anreize und führte wiederum zu mehr Zwang, Unterdrückung und Bestrafung. Für die Entwicklung eines Kindes ist das überaus schlecht und destruktiv.

Natürlich ist es wichtig, in der Erziehung eine klare Linie vorzugeben. Aber Bestrafung und Liebesentzug als Grundlage zu nehmen, das bringt einfach nichts. Doch woher sollen es die Leute wissen, wenn es ihnen nicht beigebracht wird? Mein Großvater und mein Urgroßvater haben sehr viel kaputtgemacht, weil sie selber «kaputt» waren und es nicht besser wussten. Konnten sie überhaupt anders handeln?

Es ist leicht, mit dem Finger auf andere zu zeigen. Aber hat nicht jeder von uns Eigenschaften, sagt und tut Dinge, die er lieber nicht an die große Glocke hängt?

Sich der Prägungen bewusst werden

Die heutige Tendenz der jungen Leute, alles zu propagieren und ihre Schwächen ebenso wie ihre Stärken zur Schau zu stellen, finde ich viel besser, als wenn immer alles glänzen muss. Seine vermeintlichen Schwächen zeigen zu dürfen oder sie gar zu nutzen, um erfolgreich zu sein – wie es einige Kids der *Instagram Generation* vorführen – ist meines Erachtens klärend und nötig. Das mag für die älteren Generationen ein Gräuel sein. Aber war nicht vieles, was wir mochten, wollten und anstellten, auch ein Gräuel für unsere Eltern?

Je mehr wir über unsere eigenen Vorfahren und deren Lebensweise und Persönlichkeiten erfahren, desto besser werden wir unser eigenes Verhalten und unsere eigenen Muster verstehen können; und je mehr wir uns unserer Emotionen gewahr werden, desto mehr und öfter können wir daraus lernen. Das ist eine gute Grundlage für die spirituelle Entwicklung und für ein besseres Verständnis innerer wie äußerer Vorgänge.

All diese Zusammenhänge wurden meinem Großvater nach seinem Tod immer stärker bewusst. Er erkannte viele seiner Fehler, die zum Teil eine verheerende Wirkung für seine Nachkommen und andere Menschen hatte. Möglicherweise ahnte er schon vor seinem Tod, dass er sich falsch verhalten hatte. Doch er konnte der Macht der Muster und der daraus entstehenden Emotionen nicht widerstehen. Wie oft handeln wir nicht wider besseres Wissens und verhalten uns nicht so, wie wir es eigentlich möchten oder wollen. Wir erliegen der Versuchung, dem Zwang, dem Drang und den Mustern – sind scheinbar ausgeliefert, Marionetten im Spiel des Karmas.

Hier zeigt sich wieder dieser Widerspruch zwischen Herz und Verstand: Das Herz weiß eigentlich, was gut wäre, den Denk- und Verhaltensmustern aber ist das egal, und es wird gemacht, was gemacht wird. Einmal mehr ignorieren wir, was unsere Intuition uns sagen wollte.

Wie ergeht es einem in der Geistigen Welt?

Ankunft

Was ich nachfolgend über meinen Großvater schreibe, stammt ausschließlich von ihm selbst. Er hat sich über die Jahre oft aus der Geistigen Welt bei mir gemeldet und möchte ausdrücklich mit dazu beitragen, dass wir Lebenden mehr von dieser Welt erfahren. Er selbst hatte natürlich nie geglaubt, dass es nach dem Tod weitergeht, und schon gar nicht, dass es *so* weitergeht.

Als mein Großvater in die Geistige Welt kam, sah er zuerst seine Eltern und Freunde, die vor ihm gegangen waren. Es war ein festlicher Empfang. Er war höchst erfreut und überrascht. Zum Teil noch gefangen in seinen Erinnerungen an die schwere Zeit im Krankenhaus und doch zugleich im aktuellen Geschehen, konnte er noch gar nicht richtig fassen, was los war. War das ein verrückter Traum?

In etlichen alten Kulturen ist die anfängliche Verwirrung der Verstorbenen bekannt. Deshalb wird ihnen immer wieder der Leichnam gezeigt, damit die Tatsache des eigenen Todes angenommen werden kann.

Was mein Großvater über das Leben nach dem Tod gehört hatte, kam von der Kirche. Dass es nun auf eine solche Weise weitergehen würde, konnte er anfangs nicht fassen. Es dauerte einige Wochen (Erdenzeit), bis er sich „eingelebt" hatte.

Ich höre ihn jetzt gerade so husten, wie er gegen Ende seines Lebens hustete. Er sagte mir, dass er detaillierte, lebendige und intensive Erinnerungen an ganz viele Momente seines Lebens habe. Zuerst war das alles noch verschwommen wie ein Nebel, aber mit der Zeit wurde es immer klarer.

Deutlich fühlte er die Erleichterung, dass er an einem so schönen Ort angekommen war und nicht, wie er zu Lebzeiten befürchtete, in der Hölle. Da saß kein Richter auf einem feurigen Stuhl, allerdings bliesen auch keine Engel auf Trompeten. Er war umgeben von seinen Lieben in einer leichten und angenehmen Atmosphäre. Er genoss und genießt es noch heute sehr, in der Geistigen Welt zu sein.

Erste Einsichten

Dann begann er, über sein Leben nachzusinnen und sich mit seinen Lieben in der Geistigen Welt darüber auszutauschen. Das Positive stand am Anfang. Man unterhält sich ja gerne über die guten alten Zeiten. Doch in der Geistigen Welt läuft die Kommunikation anders ab als hier auf der Erde. Man kann sich nicht mehr auf seine eigene Sicht beschränken. Der geistige Austausch ist viel unmittelbarer. Geistwesen sind in der Lage, andere Sichtweisen und ihre Hintergründe so zu verstehen und zu fühlen, als wären es ihre eigenen.

Vergleichbar damit ist vielleicht, wenn junge Erwachsene selber Eltern werden und jetzt plötzlich durch die herausfordernde Situation mehr Verständnis für die eigenen Eltern entwickeln. Wenn wir älter und erfahrener werden, haben wir auch mehr Verständnis für die Situationen und das Verhalten anderer.

Mein Großvater sah immer deutlicher, was in seinem Leben alles passiert war. Dass er Dinge getan und gesagt hatte, die viel Leid gebracht hatten. Er wollte sich dafür entschuldigen, wollte um Verzeihung bitten und irgendwie Kontakt zu den Lebenden aufnehmen.

Schon bald nach seiner Ankunft war ihm klar, dass er seine Kinder und Hinterbliebenen besuchen und bei ihnen sein konnte. Ebenso klar wurde ihm, dass diese ihn wohl kaum wahrnehmen würden. Allenfalls würden sie etwas ahnen, aber dann solche Wahrnehmungen ignorieren oder verwerfen.

Mein Großvater war – wie schon angedeutet – ein schwieriger, jähzorniger und innerlich von Groll zerfressener Mann. Nach außen schien er wie die meisten Menschen fröhlich, zuvorkommend und den Erwartungen entsprechend förmlich, korrekt, wie es sich halt gehörte. Ein Mann aus einem kleinen katholischen Dorf in der Innerschweiz.

Nun wurde ihm der Widerspruch zwischen seinem Innen- und Außenleben bewusst. Was er im intimen Kreis der Familie angerichtet hatte, passte gar nicht zum äußeren Bild des unbescholtenen Bürgers.

In den letzten Jahrzehnten trat er immer wieder bei Jenseitskontakten auf und versuchte, sich zu rechtfertigen und zu entschuldigen für sein Verhalten. Zu Lebzeiten wäre ihm das nie möglich gewesen. Zu sehr war er in seinen Verhaltensmustern gefangen. Jetzt, in der Geistigen Welt und ohne die innere Getriebenheit, konnte die Einsicht geschehen.

Er hat in seinen Gesprächen mit seinen Eltern und Lehrern verstehen gelernt, warum er wurde, wie er war. Welche Erlebnisse zu welchen Charaktereigenschaften, Neigungen und Zwängen geführt hatten; und dass er zu Lebzeiten kaum eine Chance hatte, sich zu ändern.

Er war voller Schuldgefühle. Was hatte er nur ausgelöst! Er sah und sieht noch heute immer wieder, wie alles zusammenhing. Nun war es aber zu spät. Er konnte es nicht mehr ändern. Dass er seine Hinterbliebenen unbedingt kontaktieren will, liegt auf der Hand. Und genau solche Themen sind der Grund, warum ich mit Jenseitskontakten arbeite.

Die Vergebung

Sich bei seinen Kindern erklären und um Verzeihung bitten, das kann mein Großvater nur durch ein Medium. Die Hinterbliebenen können auf diesem Weg vergeben! Das kann so wunderbare Heilung bringen und Karma auflösen, das sonst noch über Generationen weitergegeben würde. Ist aber eines der Kinder in der Lage, dem Verstorbenen zu vergeben, wird sich die karmische Wirkung auf die Verhaltensmuster der Kinder und der folgenden Generationen abschwächen und möglicherweise ganz auflösen.

Auf alle Fälle sehe ich da ein unermessliches Heilpotenzial. Darum möchte ich auch immer wieder begabte und interessierte Menschen dazu motivieren, sich der Medialität zu widmen und sie als bodenständiges Handwerk auszuüben. Ich denke, ein gutes, ernsthaftes und hingebungsvolles Medium ist eine moderne Art von Seelsorger und kann vielen Menschen und Verstorbenen auf ihrem Weg helfen.

So ist nun mein Großvater in der Geistigen Welt und sieht, was alles passiert ist, aber auch, warum es passiert ist. Dies ist wohlgemerkt nicht auf negative Auswirkungen beschränkt. Auch wenn seine Handlungen und Worte in der Familie teilweise seelisch verheerend und traumatisch wirkten, hat dieser Mann auf der anderen Seite auch hart gearbeitet, um seine Familie zu ernähren. Er hat ein Leben lang Nachbarn geholfen, wenn sie in Not waren. Das war für ihn gar keine Frage, sondern selbstverständlich.

Er war allseits beliebt, aber für sein Temperament auch etwas gefürchtet. Mein Großvater vertraute mir dies mit einem Schmunzeln an. Als Vorarbeiter in seiner Fabrik musste er lernen, sich abzugrenzen und seinen Mann zu stehen. Auch in den lokalen Vereinen war er sehr aktiv und beliebt – und das war wirklich eine schöne Zeit. Da gab es vieles in seinem Leben, das lief gut, und vieles, das lief falsch. Das ist nun einmal so, und das kann niemand mehr korrigieren. Für sein Leben könne er heute noch einstehen.

Es dauerte für ihn fast dreißig Menschenjahre, bis er an diesen Punkt gekommen war, und er möchte, dass ich das hier auch ganz klar beschreibe. Er bemüht sich weiterhin um Vergebung für seine Handlungen und Worte, denn er sieht, was für eine immense Heilung das bewirken kann. Er ist aber auch an einem Punkt, wo er mit sich immer mehr ins Reine kommt und akzeptiert, dass es so war, wie es war.

Er erzählte mir, wie wichtig es für ihn war, sich durch mich und andere Medien entschuldigen zu können. Dass er auch immer wieder seine Hinterbliebenen trösten und ihnen Kraft schenken durfte. Zu Lebzeiten konnte er das nicht. So ist und bleibt er auch ein Teil meiner Ausbildungen und meiner Arbeit, weil er sich dafür interessiert und weil er mich als seinen Enkel auch sehr gerne hat. Er sieht das nicht als Arbeit, sondern als Weg zur Befreiung von ganz viel Schmerz. Je mehr wir mit der Vergangenheit ins Reine kommen können, desto mehr Heilung findet auf der Welt statt. Dadurch werden Verhaltensmuster abgeschwächt oder gar aufgelöst. Dadurch wird jeder Einzelne friedvoller und verständnisvoller, sich selbst und anderen gegenüber. Dies ist wiederum die Grundlage für mehr Zufriedenheit und Frieden aller Menschen weltweit. Frieden zuerst im Herzen und dann immer mehr in der Außenwelt.

Seien wir ehrlich und realistisch: Dies ist eine der vielen Möglichkeiten der Menschen, mehr mit ihrer Vergangenheit, ihren Vorfahren, ihrem Schicksal und mit sich selber ins Reine zu kommen. Sich mehr anzunehmen, die Zwänge der Verhaltensmuster zu schwächen und zu lösen und so immer mehr zu sich zu kommen, sich selber zu spüren und so das Licht oder das Göttliche in jedem Individuum tiefer zu erkennen, zu fördern und in den Mittelpunkt des Lebens zu bringen. Wir stehen am Anfang eines neuen Zeitalters, das ganz viel Arbeit von jedem Einzelnen erfordert. Fangen Sie heute an und vergeben Sie sich selber, was Ihnen gerade in den Sinn kommt und Sie mit Schuldgefühlen belastet.

Die Möglichkeiten der Einsicht und des Austauschens als Basis für Verständnis, Vergebung und Akzeptanz sind auf der Erde eingeschränkter als in der Geistigen Welt, da wir hier meist von unseren Vorstellungen und Mustern beherrscht werden. Wie können wir da auf diese Ebene einer wahrhaften Vergebung und eines tiefen Verständnisses gelangen?

Es reicht nicht, etwas nur in der Vorstellung zu vergeben oder zu verarbeiten. Der Schmerz muss auch wirklich losgelassen werden. Nur so kann sich der verkrampfte, gestresste und un-heile Zustand wieder in die ursprüngliche Harmonie verwandeln.

Wie Geistwesen reisen

Mein Großvater widmete sich vor allem in den ersten Jahren seines neuen Lebens in der Geistigen Welt seinen Erinnerungen und ging gedanklich an verschiedene Orte seines Lebens zurück. Auch bei dem Haus, wo er zuletzt mit seiner zweiten Frau gewohnt und das ich als Kind kennengelernt hatte, schaute er gerne vorbei. Es interessierte ihn, was sich wohl im Laufe der Zeit veränderte und wer dort ein- und auszog.

Vor einigen Wochen war ich mit dem Rad unterwegs, fuhr durch die Ortschaft, wo meine Mutter aufgewachsen war, und schaute mir an, wo meine Großeltern früher und später gewohnt hatten. Eine alte Fabrikhalle und ein kleiner Fluss kamen mir bekannt vor, und ich hielt an. Die Wohnung über dem Restaurant, wo ich meinen Großvater als Kind besucht hatte, konnte ich allerdings nicht finden. Ich erinnerte mich: Sie war über eine dunkelbraun-schwarze Außentreppe zu erreichen. Innen gab es viele dunkle Balken, ein kleines Schlafzimmer. Das Esszimmer – der einzige Raum mit einer hohen Decke – befand sich in der Mitte, daneben war die Küche. Rechts ging es zum Wohnzimmer mit dem Sofa und einem uralten Fernseher. Da spürte ich wieder meinen Großvater neben mir, und er zeigte mir den Weg dorthin. Das Haus hatte sich stark verändert.

Wenn Geistwesen Orte auf der Erde besuchen, sind dabei zwei Aspekte bemerkenswert. Das Geistwesen denkt an einen Ort – und ist im Nu da. Das Reisen in der Geistigen Welt geschieht mit weit mehr als Überlichtgeschwindigkeit, zumindest erleben es die Geistwesen so. Ohne Körper gibt es keine Bewegung in der Zeit; und auf der anderen Seite können die Besuche der Verstorbenen von den Lebenden wahrgenommen werden. Davon zeugen nicht zuletzt die vielen Spuk- und Gespenstergeschichten. Für Medien ist das allerdings eher unspektakulär. Es ist ganz normal und harmlos, wenn sich Geistwesen gelegentlich in ihren früheren Wohnungen aufhalten.

Aus Sicht der materialistischen Wissenschaft ist die Geistige Welt schlicht irreal und kein lohnender Forschungsgegenstand. Immerhin könnte es als Gedankenexperiment durchgespielt werden, was es wohl bedeutet, ohne Zeit und Raum zu „reisen".

Doch stellen Sie sich vor, Sie könnten sich, ohne sich bewegen zu müssen, von einem Ort an einen anderen versetzen! Wie viel Zeit würden Sie dabei sparen!

Eine kleine Übung

Schließen Sie bitte die Augen und konzentrieren Sie sich jeweils 5-10 Sekunden auf die folgenden Orte:
Ihren Arbeitsplatz
Das Zuhause Ihrer Eltern
Das Einkaufszentrum, wo Sie kürzlich waren.
Den Ort, wo Sie gerade sind.
Nun frage ich Sie, wo waren Sie jeweils? Waren Sie tatsächlich an diesen Orten oder waren Sie da, wo Sie gerade jetzt sind? Darauf gibt es zwei mögliche Antworten:
Natürlich waren Sie da, wo Sie die ganze Zeit waren, auch während der Übung.
Sie waren jeweils an den Orten, auf die Sie sich konzentriert haben.
Beide Antworten sind richtig, denn Ihr Körper kann sich nicht im Nu fortbewegen, aber Ihr Geist kann das sehr wohl.

Ferne Länder

Können Sie sich ein Leben ohne Körper vorstellen? Vergegenwärtigen Sie sich nur einmal kurz einen Tagesablauf: Morgens aufstehen. Sie brauchen aber weder Schlaf noch ein Bett zum Liegen. Waschen, Anziehen, Zähneputzen, Kaffee trinken? Einkaufen gehen, saubermachen? Zum Büro gehen oder fahren? Am Schreibtisch sitzen?

Sachen hin und her tragen? Damit verbringen wir tagtäglich unsere Zeit. Aber welchen Sinn macht das ohne Körper? Alles in unserer physischen Welt – auch das Timing und Zeitempfinden – ist durch unseren Körper und seine Bewegung bestimmt.

Das gilt natürlich auch für das Reisen. Wir legen heute große Entfernungen in kurzer Zeit zurück. Der Körper wird im Flugzeug in einem Tag um den halben Erdball transportiert. So etwas war für unsere Urgroßeltern noch undenkbar. Mein Großvater kam zu Lebzeiten kaum weiter als 50-100 Kilometer von seinem Heimatort weg. Dabei war er sehr interessiert an anderen Ländern und Kulturen. Er schaute sich die in seinen letzten Jahren auf der Erde in seinem kleinen Fernseher an. Kein Wunder, dass er die neuen ungeahnten Reisemöglichkeiten in der Geistigen Welt ausgiebig nutzt.

So erzählte mir mein Großvater auch, wie er seine ausgewanderten Verwandten in den USA besuchte, in der kleinen Stadt New Glarus in der Nähe von Chicago. Er scheint sich dort regelmäßig aufzuhalten und schaut, wie die Kinder seines Bruders aufwachsen. Welch ein Unterschied zu seiner eigenen Kindheit! Wie anders ist diese Kultur im Vergleich zur Schweiz. Doch vor allem wollte er seinem Bruder und seiner Familie beistehen, in schwierigen Momenten Trost und Kraft schicken, auch Heilung. Natürlich war er hier und andernorts auch bei Hochzeiten, Geburten und anderen Feierlichkeiten dabei. Zu Lebzeiten gehörte das Feiern im Kreise der Familie ja zu seinen Lieblingsbeschäftigungen.

Jeder kann in der Geistigen Welt gleichsam alte Hobbys vertiefen und neue entwickeln. Bei meinem Großvater kam ein Interesse zum Vorschein, das offensichtlich schon früher in ihm steckte, sich aber auf der Erde nicht entfalten konnte. Er reist nun auf der Erde herum und erforscht die Sitten und Gebräuche anderer Länder und Kulturen. In einigen Regionen haben die Einheimischen eine ganz besondere Beziehung zur Geistigen Welt, zum Beispiel in Brasilien. Dort wurde er sogar von hellsichtigen Menschen wahrgenommen.

Mein Großvater erzählte mir, dass er sich oft mit anderen Geistwesen aus anderen Kulturen und Zeiten trifft. Da der Austausch auf einer rein geistigen Ebene stattfindet, gibt es keine Verständnisprobleme, etwa aufgrund der verschiedenen Sprachen. Wie in der Geistigen Welt kommuniziert wird, habe ich zwar ansatzweise schon in meinem ersten Buch dargestellt, möchte aber gleich noch einmal darauf eingehen, und zwar aus einer anderen Perspektive. Wenn wir Hilfe aus der Geistigen Welt empfangen und richtig wahrnehmen wollen, ist es wichtig zu verstehen, wie Unterscheidung und Einheit zugleich möglich sind. Es ist auch ein zentraler Aspekt in der medialen Arbeit und in der Ausbildung zum Medium.

Dieses Kapitel betrachte ich als Würdigung eines Menschen, der in der Geistigen Welt eine enorme Entwicklung durchlaufen und nachgeholt hat, was ihm in seinem Erdenleben aufgrund ungünstiger Bedingungen versagt blieb. Der eigentliche Schlüssel zu seiner Befreiung ist Einsicht und Vergebung. Er war in der Geistigen Welt offen und ehrlich bemüht, seine Fehler zu erkennen. Daraufhin hat er keine Gelegenheit ausgelassen, sich über Medien, vor allem durch mich, mit den Menschen zu verbinden, die er verletzt hat und die er um Vergebung bitten wollte. Er wurde von seiner seelischen Last erlöst und konnte befreit neue Horizonte entdecken. Schon lange gehört mein Großvater zu meinem festen Team in der Geistigen Welt.

3 Der Austausch in der Geistigen Welt

Kommunikation

Jedes Wesen ist mit allen anderen verbunden. Es tauscht sich mit allem anderen aus. Sogar Pflanzen senden Botschaften an ihre Umgebung, und diese Botschaften werden von anderen Pflanzen und Tieren empfangen und „verstanden".

Kommunikation umfasst so ziemlich alles, was unser Menschsein ausmacht. Wir teilen uns mit, tauschen uns aus, verbal und nonverbal, stehen miteinander auf vielen Ebenen in Verbindung: Geistig und körperlich. Auch in jedem Einzelnen für sich genommen geschieht Kommunikation. Jeder kennt die Selbstgespräche im Kopf, den inneren Dialog. Andererseits kommunizieren alle Organe und Zellen auf ihre eigene, bio-chemische Weise miteinander.

Stellen Sie sich vor, Sie könnten ein Erlebnis mit allen Aspekten einem anderen weitergeben oder umgekehrt die Erinnerungen von einem anderen selbst erfahren! Die größten Dichter, Musiker und Künstler haben ihr ganzes Können eingesetzt, um ihre subjektive Wahrnehmung möglichst vielen Menschen zugänglich zu machen, und zwar so eindrucksvoll und überzeugend wie möglich. Das ist zugegeben nur ein Aspekt von Kunst, nämlich die Trennung zwischen uns Menschen zu überwinden. Es ist aber ein tiefer Wunsch in jedem von uns.

Die Überblendung

In der Geistigen Welt ist die Verbindung der Wesen unmittelbarer als hier auf der Erde. Wir können uns darauf einstellen und das als Anregung für unsere Kommunikation nutzen.

Die Möglichkeiten, den eigenen Geist mit dem eines anderen Geistwesens zu „überblenden", sind äußerst vielfältig und spannend. So gibt es verschiedene Ebenen der Verschmelzung zwischen zwei oder gar mehreren Geistwesen, wie es uns Menschen aufgrund der unterschiedlichen Konzepte und der menschlichen Fixierung auf unsere Einschränkungen nicht möglich ist.

In der Geistigen Welt zählen diese Einschränkungen nicht mehr. Der Austausch von Informationen auf der geistigen Ebene entspricht am ehesten der Telepathie. Allerdings werden dabei nicht nur Gedanken, sondern auch Emotionen, Gefühle und ganze Zusammenfassungen von Erkenntnissen ausgetauscht.

Stellen Sie sich vor, Sie stehen mit einer anderen Person, nennen wir sie Hans, auf dem Gornergrat, 3100 Meter hoch über dem Meeresspiegel, und schauen zusammen eine Weile zum Matterhorn hinüber. Nach einiger Zeit treffen Sie sich mit Hans, Peter, Kurt und Daniel und erzählen von Ihren Erfahrungen auf dem Gornergrat. Außer Hans hat von den anderen bisher niemand das Matterhorn gesehen. Während Hans auf die gemeinsame Erfahrung zurückgreifen kann, versuchen die anderen sich vorzustellen, wovon Sie berichten. Ob und inwieweit sich die Vorstellungen decken, ist fraglich. Wenn jemand in der Geistigen Welt eine Erfahrung teilt, geschieht dagegen eine Überblendung: Die anderen erleben das Erzählte unmittelbar mit.

So ähnlich funktioniert auch ein Teil der Medialität: Ein Geistwesen schickt dem Medium eine Erinnerung, und das Medium gibt die Details dieser Erinnerung weiter als Beweis für die Anwesenheit der verstorbenen Person. Je ruhiger der Geist eines Mediums ist, desto besser läuft die Übertragung. Gerade in den ersten Jahren ihrer Ausbildung und Praxis sind die Medien auf Bilder und Gefühle beschränkt. Erst mit der Zeit wird dem Medium bewusst, dass über das bloße Bild oder ein Gefühl hinaus ein ganzes Bündel an Informationen mitgeschickt wird. In jedem Bild einer Wohnung, die ein Verstorbener einem Medium schickt, sind weitere Informationen enthalten, etwa wie es sich anfühlte, da zu leben. War es eine Eigentums- oder Mietwohnung? Wer wohnte dort noch? Wie lange wohnte der Verstorbene dort – und vieles mehr. Wenn einer meiner Schüler die Küche einer verstorbenen Großmutter wahrnimmt, erwarte ich, dass er oder sie detailliert wiedergeben kann, wie die Küche aussieht, welche Möbel darin stehen, ob der Kühlschrank voll oder leer ist. Ich kann mich bei einer solchen Übertragung mit dem Schüler in der Küche gleichsam aufhalten und finde auch heraus, welche Bedeutung dieser Raum für die Verstorbene hatte. Die Küche war speziell für Frauen früherer Generationen ein wichtiger Ort. Kochte die Frau gerne? War sie eine gute Köchin? Wurde sie dafür gelobt und geschätzt?

Objektive und subjektive Wahrnehmung

Mehrere Menschen können in einem Konzert dieselbe Musik hören und sie zugleich völlig unterschiedlich erleben. Der eine mag die Töne entspannt genießen, ein anderer sich an der Interpretation des Werkes stören und wieder andere sehen im Geiste Landschaften und schwelgen in Erinnerungen. Würden wir einige der Zuhörer nach dem Konzert bitten, uns ihre Eindrücke zu schildern, würden ihre Berichte wohl kaum übereinstimmen, nicht einmal dann, wenn sie sich so objektiv und sachlich wie möglich äußern sollen. Dasselbe Phänomen begegnet uns auch in ganz praktischen Dingen wie bei Zeugenaussagen vor Gericht. Vier Leute beschreiben ein- und dasselbe Ereignis, das sie angeblich beobachtet haben, so unterschiedlich, dass man kaum glauben kann, sie meinten denselben Vorgang. Woran liegt das?

Sehr vereinfacht gesagt, hat es zunächst damit zu tun, dass jeder für sich existiert, in einem Körper mit einer bestimmten Position in Raum und Zeit, mit den entsprechenden Sinnesorganen, die unterschiedlich gut funktionieren. Soweit könnte man die von verschiedenen Personen gemachten Wahrnehmungen „objektiv" nennen. Sie würden noch recht gut übereinstimmen. Doch nun kommt die jeweils eigene Interpretation der Wahrnehmung dazu. Was gesehen und gehört wird, erweckt Erinnerungen, Assoziationen, Emotionen und Gefühle sowie Beurteilungen jeglicher Art. Wir können das die *subjektive Dimension* nennen, und die reicht in eine unglaubliche Tiefe.

Jeder Mensch hier auf der Erde kann immer nur seine subjektive Interpretation des Wahrgenommenen mitteilen. Auf der Erfahrungsebene kann es nur individuelle und relative Wahrheiten geben, keine allgemein gültige, absolute Wahrheit. (Mathematische Wahrheiten wie 1 plus 1 gleich 2 liegen auf einer anderen Ebene und sind hier nicht das Thema.) Wir können allerdings in etlichen Punkten übereinstimmen. Zum Beispiel darin, dass die Kommunikation mit anderen leichter und erfreulicher ist, wenn nicht jeder darauf beharrt, dass er allein recht hat. Es ist ein Zeugnis von Erfahrung und Reife, wenn ich dem anderen zugestehe, dass er aus seiner Sicht durchaus auch richtig liegen kann.

So haben wir eine große Bandbreite in der Kommunikation, von Krieg, Streit und Verweigerung über einen Schlagabtausch unterschiedlicher Meinungen bis hin zu einem einvernehmlichen, versöhnlichen oder gar vertraut-intimen Gespräch. Liebende verstehen sich auch ohne Worte. Davon schwärmen Poeten wie der Sufi-Mystiker Rumi.

DU und ICH (von Rumi)

Herrlich ist der Augenblick,
in dem wir im Palast sitzen,
du und ich;
zwei Gestalten,
zwei Gesichter,
aber nur eine Seele,
DU und ICH.
Und die Blumen werden aufstrahlen,
und die Vögel werden rufen
und uns mit Unsterblichkeit überschütten
in dem Augenblick,
in dem wir den Garten betreten,
DU und ICH.
Welch ein Wunder,
du und ich,
eine Liebe,
ein Liebender,
ein Feuer,
DU und ICH.[1]

Verständnis

Hier entstehen Möglichkeiten in der Geistigen Welt, die wir Menschen uns kaum vorstellen können, auch wenn wir noch so viel Einfühlungsvermögen, Empathie oder Sensitivität haben. Der Unterschied liegt darin, dass es in der Körperlosigkeit nichts mehr zu schützen und abzugrenzen gibt.

Auf der Erde verstehen wir uns als Menschen mit eigenen Werten. „Das ist meine Wahrheit!“ – und in der Regel gilt sie mehr als die individuelle Wahrheit des anderen. Engstirnigkeit macht das Zusammenleben mit anderen Menschen bekanntlich nicht leichter. Einfühlungsvermögen und Toleranz sind da hilfreicher. Wenn zugestanden wird, dass Wahrheit relativ ist, erlaubt dies viel mehr Raum für gegenseitiges Verständnis. Ich kann dem anderen seinen Blickwinkel und seine Betrachtungsweise zugestehen. Wie weit selbst die politischen Führer unserer Welt oft noch von einer solchen Verständnisgrundlage entfernt sind, können wir täglich in den Nachrichten verfolgen: „Friedensgespräche wieder gescheitert."

Genau dieser Bereich des gegenseitigen Verstehens wird in der Geistigen Welt deutlich ausgeweitet. Die Erfahrungen und Erlebnisse der anderen Geistwesen können viel umfassender und tiefer wahrgenommen werden. Darum sind gerade die ersten Jahre in der Geistigen Welt für die Verstorbenen äußerst spannend. Im Bild gesprochen: Echte Augenöffner.

Eine Abgrenzung ist zwar immer noch möglich, doch die Möglichkeit der Überblendung ist faszinierender. Welche nie geahnte Verbundenheit! Das Einheitsgefühl entsteht durch die Verschmelzung aller Erlebnisse, Erinnerungen und Erfahrungen. Ohne Körper ist die Unterscheidung zwischen außen und innen nur noch eine Erinnerung. Die Grenze hat sich mit dem Tod bereits aufgelöst und wird nur noch rein mental aufrechterhalten. Die Vermischung der scheinbaren Innenwelten geschieht aber nicht automatisch und plötzlich, sondern nur in dem Maße, wie sie zugelassen werden kann. Die Identität der Person bleibt weiterhin bestehen.

Diese Möglichkeit, die anderen Personen viel umfassender und tiefer wahrzunehmen, als dies zu Lebzeiten auf der Erde möglich war, führt dazu, dass die Verstorbenen auf eine neue Art lernen können. Ich habe das am Beispiel meines Großvaters beschrieben. Es wurde ihm nicht aufgezwungen, sich für Einsichten zu öffnen, die wehtaten und Reue auslösten. Es war seine eigene Entscheidung, tiefer in sein Leben zu blicken und mitzufühlen, was andere Geistwesen und die Lebenden wirklich von ihm halten. Wer in der Geistigen Welt offen ist, kann sehr viel lernen.

Stellen Sie sich vor, Sie verbringen mit Ihrer Mutter viele Stunden und Tage, in denen Sie die Erlebnisse und Erfahrungen in dieser Intensität und aus der Sichtweise Ihrer Mutter so detailliert wahrnehmen. Natürlich wird sich das Bild, das Sie von Ihrer Mutter haben, verändern. Sie werden Sie auf einer so tiefen Ebene verstehen, in gewisser Weise mit ihr geistig verschmelzen, dass es wahrscheinlich kaum noch möglich ist, ihr Vorwürfe zu machen. Das Gleiche gilt natürlich genauso umgekehrt... Die Eltern können die Motivation der Kinder viel besser verstehen. Doch wie oft haben sich scheinbar unüberwindliche Mauern zwischen uns Menschen gebildet. Wie viele Feindschaften und Streitereien gibt es selbst unter den engsten Verwandten, zwischen den Ehepartnern, zwischen Eltern und Kindern, zwischen Brüdern und Schwestern! Wie befreiend könnte es sein, wenn sich diese Mauern aus verbittertem Schweigen, verletztem Stolz, Eifersucht und anderen Emotionen – meist entstanden aus nicht mehr nachvollziehbaren Missverständnissen – auflösten! Es wäre, als würde sich ein dicker Nebel lichten.

Wege zum tieferen Verstehen

Seit Langem suchen wir Menschen nach Wegen, die trennenden Barrieren zwischen uns zu überwinden. Viel Leid und Verletzung entstehen bereits in der Kindheit durch eine zu harte Erziehung, wie das Beispiel von meinem Großvater zeigt. Auch heute noch gehen viele recht rücksichtslos mit ihren Worten um. Immer wieder kommt es zu Unterdrückung, Erniedrigung und Gewalt in allen möglichen alltäglichen Situationen – in der Familie, in Schulen, am Arbeitsplatz.

Gewaltfreie Kommunikation

Ein Weg, hier achtsamer im Umgang mit anderen zu sein, ist die von dem Psychologen Marshall B. Rosenberg (geb. 1934) entwickelte *Gewaltfreie Kommunikation.* Sie half bereits Anfang der 60er Jahre in Detroit, die Rassentrennung an Schulen durch eine bestimmte Art des bewussten Gesprächs aufzulösen. Rosenberg geht von einer grundsätzlich positiven und friedfertigen Einstellung zwischen den Menschen aus. Im Grunde möchte jeder das Beste für sich und die anderen. Nur sind die Bedürfnisse oft fehlgeleitet, und so drücken sich viele derart ungeschickt und negativ aus, dass Missverständnisse und Konflikte die Folge sind. Das nennt Rosenberg die „lebensentfremdende Kommunikation".

Es braucht ein aufmerksames, empathisches Zuhören und Achtsamkeit in Bezug auf die eigenen Emotionen und die Art, wie ich womöglich selbst Anschuldigungen und Verurteilungen äußere. Dazu gibt es natürlich viele Übungen und Vorschläge: Redewendungen, die man vermeiden, andere, die man benutzen sollte. Das Entscheidende ist die Achtsamkeit oder Bewusstheit selbst. Rosenberg und seine Mitarbeiter haben die Methode der GFK in vielen Krisengebieten der Welt erfolgreich eingesetzt. Sie hat sich auf politischer und gesellschaftlicher Ebene ebenso bewährt wie auf der individuellen Ebene von Paarbeziehungen oder kleinen WGs.

Dan Bar-On: Seine Geschichte erzählen

Der israelische Psychologe Dan Bar-On (1938-2008) engagierte sich Jahrzehnte lang für einen ganz konkreten Weg, Konflikte wie diejenigen zwischen Israelis und Palästinensern zu lösen, aber auch unser eigenes alltägliches Leben friedvoller zu gestalten. Er lässt die Menschen ihre Geschichten erzählen, um die bestehende Mauer des Schweigens zu durchbrechen. Dieses „Storytelling" gibt allen Anwesenden die Chance, endlich den „Feind" als konkreten Menschen, als leidenden Menschen, als einmalige und ganz besondere Person wahrzunehmen. Dan Bar-On schrieb:

„Manche fragen vielleicht, warum sollte man sich mit ungelösten Problemen aus der Vergangenheit beschäftigen, wenn die Gegenwart mit neuen Themen drängt? Meine Antwort ist, dass wir beides bewältigen müssen, denn wenn wir uns nur auf eines konzentrieren, ohne dem anderen Beachtung zu schenken, werden wir nie verstehen können, in was für einer Welt wir leben, wo wir herkommen und wo wir hingehen."

Familienstellen nach Bert Hellinger

Eine ganz außergewöhnliche Methode der Problemlösung ist die Familienaufstellung. Dabei wird meist in einer Gruppe von Menschen gearbeitet. Jemand nennt und beschreibt dem Leiter sein Problem, das entweder mit der Familie zu tun hat, aus der er stammt, oder mit seiner neuen Familie, in der er gerade lebt. Angenommen, das Problem ist: „Ich habe Angst, mich vor anderen zu äußern." Das Problem hat vielleicht mit einem autoritären Vater zu tun. Einige aus der Gruppe werden nun stellvertretend für die jeweiligen Familienmitglieder in den Raum gestellt. Der Klient, also die Person mit dem Angstproblem, weist den Stellvertretern eine bestimmte Position im Raum zu. Zum Beispiel: Der autoritäre Vater steht starr und stramm in der Mitte, die Mutter hockt an der Seite am Boden, die drei Geschwister stehen in einer Linie und schauen teilnahmslos auf die Wände. Die Aufgestellten werden gefragt, wie sie sich in ihrer Position fühlen, und sie antworten und verhalten sich stellvertretend für die nichtanwesenden Familienmitglieder. Was dann geschieht, ist immer wieder verblüffend für alle Beteiligten: Die gesamte Energie im Raum verwandelt sich. Die Figuren agieren wie in Trance. Es scheint, als wären tatsächlich die echten Familienmitglieder anwesend und würden Zusammenhänge aufzeigen, die dem Fragenden zu neuen Einsichten verhelfen. Das funktioniert auch, wenn eines der Familienmitglieder gestorben ist, womöglich sogar der Vater und vielleicht noch ein Großonkel und ein kleiner Bruder. Familienstellen wurde von vielen unterschiedlichen Therapeuten weiterentwickelt und kann in vielen Fällen wirklich helfen. Es gibt heute Methoden, die auf Familienstellen in Gruppen aufbauen, aber auch individuell, im Privaten, so wie auch für geschäftliche Kunden, die viel helfen, auflösen und heilen können. Wichtig ist hier zu verstehen, dass es sich um ein Abbild des eigenen „Morphogenetischen Feldes“ handelt. Bei den „Stellvertretern“ der Familie oder gar Verstorbenen des „Aufstellers“ handelt es sich nicht um die realen „Familienmitglieder“. Es handelt sich um Stellvertreter in der Vorstellung des Aufstellers. So habe ich es schon oft erlebt, dass der Therapeut bei einem verstorbenen Großvater denkt, es handele sich um den „richtigen Großvater“ aus der Geistigen Welt, aber das ist falsch. Immer wieder sind bei Aufstellungen auch die Verstorbenen aus der Geistigen Welt in der Nähe und schauen zu, aber es handelt sich „nie“ um die Stellvertretung der realen Menschen oder Verstorbenen, sondern um die Erinnerungen im Bewusstsein des Aufstellers (Morphogenetisches Feld).

Ich arbeite selber ebenfalls mit dieser systemischen Technik, manchmal in Gruppen, aber mit Vorliebe in Einzelsitzungen – denn zum Auflösen von Mustern und Anhaftungen aus der Vergangenheit – vom eigenen Leben, aber auch von Eltern und Vorfahren, kann das sehr effektiv sein und Menschen wirklich helfen.

Das Gebet

Als eine Art der Kommunikation kann das Gebet gelten. Seit Urzeiten praktizieren Menschen Rituale und Gebete und versuchen so, höhere Wesen, Geister und Götter zu erreichen und um Hilfe und Unterstützung zu bitten, sie zu besänftigen und gnädig zu stimmen.

Gerade bei Gebeten ist es essenziell, dass man mit Hingabe und dem Herzen dabei ist und meint, was man spricht oder denkt. Gleichzeitig ist es auch wichtig, dass man daran glaubt, dass es eine Wirkung entfalten kann und haben wird. Damit sich Energie aufbauen lässt. Gerade die Wiederholung von Gebeten oder Mantras kann sehr viel bringen für die eigene Entwicklung – helfen sie doch, Hingabe und Konzentration in einer sehr hilfreichen Art und Weise zu entwickeln und aufrechtzuerhalten.

Wissen und Weisheit

Alles Wissen, alle Informationen stehen theoretisch in der Geistigen Welt ähnlich wie bei Google zur Verfügung, nur unendlich viel genauer, authentischer, lebendiger und umfassender. Alles, was je geschah, geschieht, und das Potenzial der Zukunft ist live zu erleben. So ist es möglich, sich in der Geistigen Welt – oder auch in der physischen mit der entsprechenden spirituellen Entwicklung – mit allen Elementen der Vergangenheit und Gegenwart zu verbinden und eins zu eins zu erschauen, wie es war oder was gerade stattfindet.

Mit diesem Wissen können sich Geistwesen weiterbilden und daraus lernen. Sie können es dann den Menschen in Form von Inspiration weitergeben.

Wir definieren heute Wissen als eine Ansammlung von Informationen im Geist oder im Gehirn. Damit können wir bei einem Quiz bestimmt gut abschneiden. Doch was die Erfahrungen des Lebens gleichsam als Ernte einbringen können, wird nicht Wissen, sondern Weisheit genannt. Wissen alleine bringt noch nicht viel, es muss auch verstanden und mit anderem Wissen verbunden werden. Erst durch das Verbinden mit einem Erlebnis oder etwas Erlebtem kann es zum „Verstehen“ führen.

Fast immer wird mit Wissen „theoretisches“ Verstehen verbunden – also kein Wissen oder Verstehen aus Erfahrung. So sind unsere Schulen und unser Bildungswesen mehr oder weniger aufgebaut. Wir mögen beim Lernen zwar manches erfassen – aber erst die wirkliche Erfahrung führt zu richtigem Verstehen. Alles andere vorher ist leider reine Annahme und bringt im Leben und in der spirituellen Entwicklung nicht sehr viel.

Erst wenn jemand die Erfahrung hat, etwas selbst getan zu haben oder zu sein, kann er oder sie das wirklich einigermaßen verstehen und auch dann immer noch aus seiner ganz persönlichen individuellen und abgegrenzten Sicht.

Nur wenn jemand etwas gemacht oder ausprobiert hat, kann etwas verstanden werden auf einer Ebene der Realität und nicht nur in der Theorie.

So wird ein Mann nie verstehen können, wie es ist, ein Kind zu gebären. Das kann nur die Frau, die selber ein Kind zur Welt gebracht hat. Jedoch ist auch diese Erfahrung nur gültig für sie alleine und für diese Geburt. Es ist immer noch eine individuelle Erfahrung, basierend auf eigenen Vorstellungen und Werten, und hat somit keine „allgemeine" Gültigkeit.

Alle diese Sachen und Themen können von Individuen, die es erlebt haben, aus ihrer individuellen Sicht verstanden werden. Alles andere ist Annahme und Theorie und hat keinen realen Wert für die persönliche spirituelle Entwicklung.

Auf dieser Ebene kann aber ein Mensch bereits sehr viel lernen und sein Herz öffnen für andere Menschen, andere Völker, anderes Leiden – und das kann so ein guter Grundstein für Ausbildung und Training sein.

Erst wenn etwas auf Erfahrung beruht, kann es „wirklich verstanden" werden. So ist es auch essenziell, wenn wir möglichst viele Erfahrungen machen und aus unseren Erfahrungen lernen. Jegliche Annahmen und Theorien sollten wir tunlichst weglassen. Schon bei einem Händedruck sollten wir uns auf diese Empfindung des Händedrucks konzentrieren und spüren und mitbekommen, was es mit uns macht, statt uns in irgendwelchen Gedanken und Annahmen zu verlieren.

In der spirituellen Entwicklung kann sogar ein großer Schritt weitergegangen werden, denn da zählen „nur" noch Erfahrungen – alles Wissen und alle Theorie sind wertlos, wenn sie nicht durch persönliche Erfahrungen integriert werden können. In der Entwicklung eines Menschen zählt die Verwirklichung und nicht das Wissen oder das Verstehen.

Wenn jemand nur oberflächlich freundlich ist, mag das gut sein für das Geschäft. Aber ist es auch eine gute und richtige Basis für das Zusammenleben und die Kommunikation der Menschen?

Sehr oft entspricht diese Freundlichkeit nicht der Realität und ist eine Fassade – wie gesagt, das ist auch wichtig, damit die Kommunikation reibungslos abläuft.

Viel wichtiger ist es aber, Tugenden oder Eigenschaften wie Freundlichkeit und Toleranz nach innen zu tragen und so lange zu üben, bis man sie sich zu eigen gemacht hat. Bis man freundlich *wird* und nicht nur so erscheint; und zwar freundlich in jeder Zelle – nach außen, aber vor allem nach innen.

Ganz viele Menschen erscheinen als freundlich, und die meisten davon sind auch freundlich nach außen. Aber wie sieht es mit der Freundlichkeit zu sich selber aus?

Erst diese Freundlichkeit ist die wahre Form der Freundlichkeit, denn wenn ich nach innen freundlich bin, also zu mir selber freundlich und friedvoll bin, werde ich dies auch authentisch nach außen sein, denn erst dann ist „Freundlichkeit" im Hier und jetzt realisiert.

Darum ist es im richtigen Leben eigentlich wichtiger, diese Tugenden in die eigene Persönlichkeit zu integrieren und zu realisieren als all dieses unnötige Materielle – und dazu gehört auch vieles in Wissen und Bildung.

Genau diese Einsicht haben die Verstorben in der Geistigen Welt, und es wird ihnen bewusst, dass das Leben eine einzigartige Möglichkeit darstellt, an sich selber zu arbeiten, diese Qualitäten zu entwickeln und sich nicht zu sehr auf das Materielle zu konzentrieren, inklusive Wissen, Annahmen und Theorien, die nicht in die Praxis und nicht in die Erfahrung gebracht und schlussendlich realisiert werden.

Darum sollten wir Menschen auch etwas wählerischer sein, was wir lesen, hören und „sammeln" wollen, denn das Meiste ist zu vergänglich, als dass wir uns daran hängen sollten.

Qualitäten wie Freundlichkeit und einiges andere hingegen sind Qualitäten für die Ewigkeit, welche nicht nur dieses Leben, sondern auch die Inkarnationen überdauern werden.

Daher möchte ich an dieser Stelle empfehlen, dass jeder Mensch sich immer wieder hinterfragt und gegebenfalls neu erfindet – zumindest nach innen. Das Innenleben ist die wirkliche Baustelle des Menschen. Wenn er mit sich selber in Frieden und Akzeptanz ist, sind die gleichen Werte nach außen ohne Anstrengung immer vorhanden.

Liebende Güte – eine heilende spirituelle Praxis

Wie eine Mutter mit ihrem Leben
ihr einziges Kind beschützt und behütet,
so möge man für alle Wesen und die ganze Welt
ein unbegrenzt gütiges Gemüt erwecken,
ohne Hass, ohne Feindschaft, ohne Beschränkung
nach oben, nach unten und nach allen Seiten.
Im Gehen oder Stehen, im Sitzen oder Liegen
entfalte man eifrig diese Gesinnung:
dies nennt man Weilen im Heiligen.
Wer sich nicht an Ansichten verliert,
Tugend und Einsicht gewinnt,
dem Sinnengenuss nicht verhaftet ist
für den gibt es keine Geburt mehr.[2]

Mögen alle Lebewesen in Glück und Frieden leben, beschwört das Metta-Sutta; und es geht dabei behutsam vor, Schritt für Schritt. Zunächst empfinden wir liebende Güte für uns selbst, dann für die Menschen, die wir ohnehin schon lieben und verehren, und schließlich werden alle Lebewesen in unser Herzensgebet eingeschlossen. Das soll aber kein bloßes Lippenbekenntnis sein, sondern wirklich tief vom Herzen her gefühlt werden. In ihre Meditations-Retreats bezog die bekannte Nonne Ayya Khema meist das Metta-Sutta als die Liebende-Güte-Meditation mit ein. Sie hat diese Meditation, die das Herz öffnet und die meditative Vertiefung unterstützt, in vielen Variationen angeleitet. Hier ist eine:

Sich und anderen der beste Freund sein

Wir wollen uns einmal vorstellen, dass wir unser eigener bester Freund sind und die Gefühle eines besten Freundes für uns selbst aufkommen lassen: Liebevoll und hilfreich. Umarmend, zur Seite stehend. Voll Weisheit für das, was gut für uns ist. Ein bester Freund für uns selbst. Auf den wir uns verlassen können. Der uns keine falschen Ratschläge gibt. Das Gefühl dieser innigen Freundschaft für uns selbst erleben.

Jetzt wollen wir der beste Freund von demjenigen sein, der neben uns sitzt. Liebevoll umarmend, hilfreich. Besorgt um dessen Wohlergehen. Das Gefühl der innigen Freundschaft für diesen Menschen zu ihm ausstrahlen.

Dann denken wir an unsere Eltern, ob sie noch am Leben sind oder nicht; und sind deren bester Freund. Voll liebevoller Fürsorge. Voll Dankbarkeit. Wir umarmen sie und zeigen ihnen unsere Zusammengehörigkeit. Ein bester Freund ist hilfreich und hat genügend Weisheit, um zu wissen, was für den anderen gut ist.

Wir denken an unsere nächsten und liebsten Menschen, mit denen wir vielleicht zusammenleben, und sind deren bester Freund. Voll Rücksichtnahme. Helfen ihnen, das Gute zu tun. Schenken ihnen unser Herz voll inniger Freundschaft. Wir erwarten von ihnen nicht, das Gleiche zurückzubekommen.

Wir denken an unsere Freunde, Verwandte und Bekannte und wollen allen bester Freund sein und diese Freundschaft zeigen. Sie umarmen. Ihnen zur Seite stehen. Das Gute fördern. Fürsorglich. Bedacht um ihr Wohlergehen. Nicht erwartend, sondern schenkend.

Wir denken an die Menschen, denen wir im Alltag begegnen, die einen wichtigen Teil unseres Lebens ausmachen. Nachbarn und Arbeitskollegen, Schüler, Patienten, Lehrer, Verkäufer, Postboten, Arbeiter. Wer immer uns in den Sinn kommt, der einen Teil unseres Alltags ausmacht: Wir sind der beste Freund von allen diesen Menschen. Schenken ihnen unser Herz in inniger Freundschaft. Sind besorgt um ihr Wohlergehen. Wollen helfen und zur Seite stehen. Zeigen ihnen dadurch unsere Zusammengehörigkeit.

Wir denken an einen schwierigen Menschen in unserem Leben. Über den wir uns vielleicht geärgert haben. Der nicht das macht, was wir wollen. Oder der sich über uns geärgert hat. Oder dessen Ideen oder Taten wir ablehnen, verurteilen. Wir wollen auch der beste Freund dieses Menschen sein. Ihn in Freundschaft umarmen. Fürsorglich bedenken. Unser Herz ihm schenken. Wir spüren ganz deutlich, wie die Schwierigkeiten von uns abfallen und wir erleichtert sind.

Wir öffnen unser Herz ganz weit, so weit es uns möglich ist. Wir lassen so viele Menschen hinein, wie es nur geht. Schenken ihnen unsere Freundschaft, unsere Zusammengehörigkeit, unsere Fürsorge. Lassen immer mehr und mehr Menschen in unser Herz hinein. Aus den Dörfern und Städten, immer weiter und weiter über das ganze Land. Wir können allen unsere Freundschaft schenken, unsere Fürsorge, unser Zusammengehörigkeitsgefühl, unsere Herzenswärme. Wir spüren noch einmal: Je mehr davon wir verschenken, desto mehr haben wir im Herzen.

Jetzt richten wir die Achtsamkeit noch einmal auf uns selbst und fühlen uns als unser eigener bester Freund, der uns hilfreich zur Seite steht, der sich um uns kümmert. Der durch Weisheit weiß, was das Gute für uns ist, es erkennt und uns dabei immer weiterhilft. Wir umarmen uns selbst mit inniger Freundschaft und fühlen uns darin beschützt und geborgen.

Mögen alle Menschen Freunde sein![3]

Da ich selber ein großer Freund von Praxis und Spüren bin, möchte ich hier noch kurz erwähnen, wie ich das in einigen meiner Meditationswochen unterrichte. Eine der Übungen, die ich gelegentlich unterrichte, sieht wie folgt aus. Während vieler Stunden am Tag fordere ich die Schüler auf, folgende Sätze zu repetieren, ohne Unterbrechung – egal bei welcher Aktivität. Dabei gilt es, sich zu bemühen, auch wirklich zu meinen – zu spüren – was man innerlich wiederholt.

In der ersten Stufe: Mit sich selber
- Möge ich glücklich sein.
- Möge ich gesund sein.
- Mögen meine Lebensumstände angenehm sein.

In der zweiten Stufe: Mit jemandem, den man mag
- Mögest Du glücklich sein.
- Mögest Du gesund sein.
- Mögest Du angenehme Lebensumstände haben.

Wenn die zweite Stufe einigermaßen gut verläuft, dann suche Dir jemanden, mit dem Du mehr oder weniger neutral bist – Arbeitskollege, Nachbar oder Bekannte.

Dritte Stufe: Neutrale Person
- Mögest Du glücklich sein.
- Mögest Du gesund sein.
- Mögen Deine Lebensumstände angenehm sein.

Erst nach einem erfolgreichen Bearbeiten der dritten Stufe solltest Du jemanden wählen, den Du weniger magst, und erst später Menschen, die Du ablehnst – und so weiter.

Diese „Liebende Güte" könnte auch den Titel haben „Liebe Deinen Nächsten wie Dich selbst" – allerdings empfehle ich hier, sich zuerst nach innen zu wenden.

Bleibt zu erwähnen, dass es sich hier überhaupt nicht um das „Ego" handelt, sondern um eine normale Beziehung zu sich selber – und erst wenn diese Beziehung nach innen da ist, kann man eigentlich ohne Druck und Stress mit anderen Menschen Beziehungen aufbauen, ohne dass diese und deren Auswirkungen dauernd an einem zerren und zu einem Wettstreit werden.

Meditation

Meditation ist eine Möglichkeit, die Aufmerksamkeit nach innen zu richten und in die Stille zu gehen. Einige Formen der Meditation möchte ich hier kurz aufzeigen, da auch diese zu Wissen und Weisheit führen können und im Idealfall zu realen Erfahrungen.

Meditationsreisen

Hier geht es darum, in einem entspannten oder meditativen Zustand an Orte zu gehen und Übungen zu machen, die es erlauben, etwas tiefer in die eigene Realität einzutreten und mehr über sich selber zu erfahren.

Eigenschaftsmeditationen

In der Eigenschaftsmeditation versucht man, eine gewünschte Eigenschaft in sich zu etablieren, indem man sich vorstellt, mit dieser Eigenschaft durch verschiedene Lebenssituationen zu gehen. Zum Beispiel: Ich bin freundlich zu mir und anderen.

Situationsverbesserung meditativ

Hier geht es darum, dass man sich eine bestimmte Situation so vorstellt und immer wiederholt, bis man es in der Realität auch besser kann. Zum Beispiel: Ich lächele meinen Chef oder Partner an.

Mantra-Meditation

Hier wird ein Mantra gewählt, das man innerlich singt oder chantet und dies hunderte bis tausende Male wiederholt. Mantra bedeutet „Versiegele den Geist“ und kann als komplette Meditation sehr gut wirken, aber auch als Einstimmung in eine stille oder andere Meditation.

Stille Meditation

In der Stillen Meditation wird meist der Atem beobachtet, wie er durch die Nasenlöcher oder den Hals ein- und ausströmt; oder es wird visualisiert, wie der Atem in die Lungen oder gar in den Bauch geht; oder man beobachtet die Bauchdecke, wie sie sich hebt und senkt. Nach einer Weile der Entspannung versucht man, mit dem Geist bei der Atmung zu bleiben und sich tiefer da hineinzubegeben, bis immer mehr Stille herrscht.

Gemeinsamkeit aller Meditationen

- Zuerst das Zurückziehen der Sinne – mehr zu sich kommen – in den Körper
- Achtsamkeit auf das Objekt der Meditation (Atem oder etwas anderes)
- Beim Wegdriften oder Abgelenktsein immer friedvoll wieder zurück zum Objekt der Meditation kommen.
- Sanftes Zurückkommen

Teil 2
Medialität

Im zweiten Teil dieses Buches geht es um die Verbindung zwischen der Geistigen Welt und uns Menschen auf der Erde. Es handelt von der Arbeit als Medium und als Ausbilder von Medien. Was wollen die Verstorbenen mitteilen? Wie können sie uns helfen? Was möchten die Klienten von ihren Lieben erfahren? Was können Sie als Leser tun, um Botschaften zu empfangen und zu vermitteln?

4 Die richtige Einstellung des Mediums

Bei meiner Arbeit als Medium und als Lehrer für angehende Medien werde ich von einem Team aus der Geistigen Welt unterstützt. Meine Verwandten gehören zum Teil dazu, ebenso Experten aus verschiedenen Bereichen wie Medizin, Psychologie und Spiritualität. Um etwas Ordnung zu schaffen, unterteile ich in Gruppen. Bei dieser Unterteilung geht es darum, dass die angehenden Medien ein Minimum an Unterscheidung haben, da jede dieser Gruppen andere Eigenschaften hat. Gut möglich, dass es auch andere Unterteilungen gibt – die wichtigste ist aus meiner Sicht, dass es „keine Teilung" gibt, sondern dass wir lernen, alle Menschen, mit und ohne Körper (in der Geistigen Welt), als Teil einer großen Gemeinschaft zu sehen – denn Trennung gibt es nur in unserer Vorstellung.

Geistwesen – Sind Verstorbene, die zum Großteil noch eigene Interessen haben. Wie zum Beispiel mein Großvater, der aus Liebe zu meiner Mutter und mir immer wieder bei uns vorbeikommt und schaut, wie es uns geht. Meine Großmutter, die mich immer wieder daran erinnert hat, meinen Vater anzurufen.

Geistführer – Sind spirituell sehr fortgeschrittene Geistwesen, die sich in den Dienst der Entwicklung des Menschen oder des Bewusstseins gestellt haben. Zu dieser Gruppe zähle ich auch Engel, aufgestiegene Meister und Erleuchtete.

Geisthelfer – Helfen bei meiner Arbeit als Experten in einem eingespielten Team. Je nach Aufgabe und Situation wechselt die Zusammensetzung. Hier können Geistführer oder Geistwesen helfen. Gemäß nach Kenntnis und Interesse bringen sie sich selbstlos mit ihren speziellen Fähigkeiten ein. Vorfahren, Familien, ehemalige Lehrer und einige Freunde gehören zu meinem Team und unterstützen meine Arbeit auf unterschiedliche Weise. Im Buch „Die Liebe der Geistigen Welt" habe ich ausführlich darüber geschrieben.

Die Grundlage der medialen Arbeit besteht aus zwei Hauptelementen.

1. Die Absicht und Hingabe an meine Arbeit
2. Die Zusammenarbeit mit meinem Team

Absicht und Hingabe

Wenn ich als Medium arbeite, ist es wichtig, dass ich mich jeweils innerlich darauf einstelle. Es geht darum, dass ich die richtige Absicht habe und meine Konzentration und Energie stimmen.

Mit „Absicht“ meine ich, dass ich mich in die richtige Schwingung versetze, damit ich das Energiefeld meines Gegenübers oder die Geistige Welt gut wahrnehmen kann. Eigentlich ist ein Medium auch eine Art Sensor, der auf verschiedenen Frequenzen Informationen empfängt und wahrnimmt. Diese Informationen, die über die feinstofflichen Sinne wie Hellsehen, Hellfühlen oder Hellwissen zum Medium kommen, müssen korrekt wahrgenommen werden. Dazu muss ich als Medium wie ein Messinstrument kalibriert sein, vergleichbar dem Stimmen eines Klaviers.

Zu Beginn meiner Arbeit muss ich mich also einstimmen, damit meine Wahrnehmung auf den verschiedenen Schwingungsebenen korrekt ist. Zum Glück ist das nach so vielen Jahren nur noch ein richtiges Hinschauen in wenigen Sekunden. Diese Wahrnehmung kommt in Form von Bildern, Gefühlen, Wissen, Gedanken und manchmal auch als Geruch oder gar Geschmack. Stellen Sie sich vor, Sie erinnern sich an etwas Bestimmtes ganz detailliert. So ähnlich ist das, wenn ein Geistwesen aus der Geistigen Welt seine Erinnerungen mit mir teilt. Solche Erinnerungen können manchmal ganz klar sein und dann wieder verschwommen. Es benötigt eine gute Portion Konzentration auf die richtige Schwingungsebene, damit ich als Medium jeweils bei diesen Wahrnehmungen bleiben kann und diese möglichst korrekt und umfassend wahrgenommen werden.

Dazu ist es wichtig, die richtige Absicht zu haben. In der geistigen Arbeit ist es nicht so, dass Sachen einfach entstehen und die Wahrnehmungen vorhanden sind. Ich muss zuerst den Raum dafür schaffen und meine Konzentration von außen zurückziehen in mein Inneres und ein „Zuschalten“ meiner feinstofflichen Sinne durchführen. Die Hellsinne müssen mit Aufmerksamkeit versorgt werden. Es geht darum, sich von den äußeren Sinnen zu den inneren Sinnen zu begeben.

Es ist wie im normalen Leben. Sie hören jemandem gebannt zu und sehen etwas im Hintergrund, das Sie ablenkt. Sofort konzentrieren Sie sich darauf, um es besser sehen oder verstehen zu können. So haben Sie einige Worte des Erzählers verpasst, weil Sie die Konzentration vom Hören auf das Sehen verlegt haben. Jetzt schnell wieder zurück, damit der Erzähler nicht beleidigt ist. Das machen wir ständig. Wobei wir ehrlich sagen können, dass es meist ganz schnell und wie von selbst geschieht, ohne dass wir es bewusst entscheiden. Die Aufmerksamkeit wechselt, mal vom Hören zum Sehen und umgekehrt; und auch von einem Gegenstand zu einem anderen.

Die meisten Menschen können Übersinnliches nur gelegentlich oder in speziellen Momenten wahrnehmen. Sie sind zu sehr auf die äußeren Sinne fixiert. In der geistigen oder spirituellen Entwicklung kommt es darauf an, die Aufmerksamkeit von außen nach innen zu verlagern, um zunächst überhaupt einmal ein Gleichgewicht zu schaffen. Irgendwann bin ich zentriert und ausgeglichen in der Mitte zwischen außen und innen.

Wenn ich mich auf die inneren Sinne konzentriere, ist es so, als würde ich ein anderes Frequenzband auf einem Radio einstellen. Die äußeren Sinne treten mehr in den Hintergrund. Es findet ein Energietransfer statt, denn worauf ich mich konzentriere, das wird mit Energie gefüttert – gestärkt und aktiviert.

Das meine ich mit „Absicht". Es fasst diesen ganzen Prozess des Sich-Einstimmens auf die Arbeit mit der Geistigen Welt oder der übersinnlichen Wahrnehmung zusammen.

Mit der Absicht kommt auch die Hingabe an die feinstoffliche Arbeit. Warum mache ich diese Arbeit? Was ist meine Motivation? Wie geht es mir dabei? Bin ich entspannt oder gestresst? Alle diese Aspekte haben einen Einfluss auf meine Arbeit.

Mit der **Hingabe** versuche ich, alles los und hinter mir zu lassen. Ich lasse meine persönlichen Themen draußen und gehe möglichst neutral und freundlich gestimmt in die Arbeit. Es ist wichtig, dass ich die Arbeit möglichst frei von eigenen Themen und Belastungen angehe, denn in der feinstofflichen Wahrnehmung werden alle meine Emotionen und Gedanken Einfluss auf die Qualität meiner Arbeit haben und können die wahrgenommenen Informationen und deren Interpretation beeinflussen oder verfälschen.

Die Hingabe hilft mir, gelassen an meine Arbeit als Medium oder Sensitiver zu gehen, denn ich gehe jedes Mal erneut ein Experiment ein, da ich nicht weiß, was ich wahrnehmen werde und was passieren wird. Auch wenn ich viele zehntausend Mal Jenseitskontakte eingegangen bin oder medial bei meinen Schülern war, kann ich nicht garantieren, dass jemand auch wirklich kommen und wer kommen wird. Jedesmal gehe ich das Risiko ein, dass ein Verstorbener durch die Beschreibungen von keinem der Anwesenden erkannt oder bestätigt werden kann oder der Sitzungsteilnehmer die Informationen nicht versteht oder nicht akzeptiert.

Aber das spielt alles keine Rolle, denn es geht hier darum, das Beste zu geben, was mir möglich ist. Darum gibt es auch in meinem Beruf Weiterbildungen sowie ein fortlaufendes Studium meines Arbeitsgebiets – und es ist kein Ende absehbar. Ich empfinde meine Arbeit als wichtig, denn so kann ich zwischen zwei Welten vermitteln, Heilung unterstützen und Familien durch das Jenseits zusammenführen.

Ich bin selbst immer wieder berührt und begeistert von dieser Arbeit, wenn aus dem „Nichts" die Verstorbenen kommen, weil sie mit ihren Lieben sprechen, ihnen helfen oder einfach nur bei ihnen sein wollen; wenn ein Sitzungsnehmer zuerst ungläubig und dann immer mehr überzeugt ist, dass sein Vater, seine Mutter, sein geliebter Partner aus der Geistigen Welt noch lebt und dies durch die Sitzung bestätigt wird.

Nicht selten erfahren auch die Sitzungsnehmer die Präsenz des

Verstorbenen, spüren seine Energie und erfassen, dass die geliebte Person sich wirklich im Raum befindet.

So ist die richtige Hingabe ein wichtiger Bestandteil, weil sie die beste Arbeit liefert, die mir möglich ist. Auch nach fünfundzwanzig Jahren bin ich dieser Arbeit nicht müde, und es ist schön, erfüllend und spannend, mich dieser Arbeit als Medium hinzugeben und Erdenmenschen sowie 'Verstorbenen' zu helfen.

Projektionen

Eine der Herausforderungen in der medialen Arbeit besteht darin, sich zu 100% als Kanal für die Botschaft zur Verfügung zu stellen. Wir kennen das alle: Jemand sagt oder zeigt etwas, man will davon berichten, und schneller als gedacht haben sich eigene Ideen in die Wiedergabe gemischt. Unser Geist ist nur zum Teil Tonband oder Rekorder. Darüber legen sich alle möglichen Schichten von Assoziationen und Interpretationen.

Für Medien, die mit ihren Jenseitskontakten noch wenig Erfahrung haben, bedeutet das Prinzip „Gleich und gleich gesellt sich gern" eine besondere Herausforderung. Die eigenen Vorlieben sind so weit zurückzustellen wie möglich. Sonst kann es passieren, dass die Jenseitskontakte alle erstaunlich ähnlich sind und genau dem entsprechen, wofür sich das Medium gerade besonders interessiert. Seine Aufgabe ist jedoch, neutral und offen die Verbindung zwischen dem Klienten hier und dem Verstorbenen dort herzustellen und nicht die eigenen Sichtweisen einzubringen.

Resonanz

Wenn sich zwei Menschen begegnen, gibt es eine Art Resonanz. Sie kann als anziehend, abstoßend oder neutral bezeichnet werden. Die anziehenden und abstoßenden Resonanzen haben eine stärkere Wirkung auf die Beteiligten als die neutrale. Kommt ein Klient zu einem Medium, werden Themen angesprochen, die für beide wichtig oder gerade aktuell sind. Bei anziehenden Resonanzen sind Sichtweise, Erfahrung und Entwicklungsstand der Personen ähnlich. Sie können sich über ein Thema lange und tief austauschen. Sie ziehen sich gegenseitig an.

Ich erlebe immer wieder «Jungmedien», die mich darauf ansprechen, dass sie fast bei allen Sitzungen Klienten mit den gleichen Themen haben wie sie selber. Wenn zum Beispiel das Medium Mutter ist und die Klientin ebenfalls, so haben die zwei natürlich eine gute Resonanz beim Thema «Kinder». Die Klientin drückt beim «Jungmedium» gleichsam den Knopf «Kinder», es geht darauf ein und verliert sich darin, auch wenn die Klientin die Sitzung nicht wegen des Themas „Kinder" gebucht hat. Ich nenne das Projektion. Die Klientin weckt über die Resonanz ein Thema beim Medium, welches dann das eigene Thema auf die Klientin projiziert.

Bei einer medialen Sitzung geht es um den Klienten und nicht um das Medium. Das Medium sollte merken und erkennen, wenn es über das «eigene» Problem oder Thema redet, dieses dann sofort auf die Seite schieben und zur Kenntnis nehmen, was an Projektion abläuft. Dann sollte sich das Jungmedium wieder auf die Klientin einstellen und mit der Sensitivität und Medialität die Klientin und ihr Thema – befreit von den Projektionen – wahrnehmen, mit ihr arbeiten und auf ihre Problemstellung eingehen.

Leider verstehen das zu wenige Medien, Sensitive und Therapeuten. Sie arbeiten dann eigentlich jahrelang an den eigenen Themen in der falschen Annahme, es wären die Themen der anderen. Sie machen so gar keinen Fortschritt, da sie denken, ihre eigenen Probleme gäbe es nicht, sondern es seien die Probleme der Klienten.

Ich achte bei meinen Sitzungen immer darauf, dass ich nicht irgendwelche eigenen Ideen einbringe. Bei jeder Standortbestimmung und dem Lösen von Mustern nehme ich zunächst den Standpunkt oder die Sicht des Klienten ein und bleibe dann so neutral und unvoreingenommen wie möglich. Alles andere schränkt die Qualität der Sitzung ein. Das vermittele ich auch meinen Schülern.

Stellen Sie sich vor, Sie kommen mit einem aktuellen Wohnungsthema zu mir. Ich bin gerade umgezogen, richte mich neu ein und hatte Probleme mit meinem letzten Vermieter. Mein Sitzungsteilnehmer hat vielleicht auch ein Thema mit seinem Vermieter. Jetzt ist es essenziell, dass ich mein aktuelles Thema nicht mit seinem vermische und womöglich meine schlechte Erfahrung, vielleicht auch

Wut und Frust in die Sitzung mit einbringe. Wie sollte ich da eine mögliche Lösung mit dem Vermieter sehen können?

Wenn sich ein Medium nicht intensiv mit sich selber auseinandersetzt, wird es kaum in der Lage sein, eine Situation angemessen zu beurteilen. Es geht ja darum, Informationen aufzunehmen und wiederzugeben, die für normale Menschen schwer greifbar sind. Hier werden nicht Akten durchgeblättert, sondern feinstoffliche Schwingungen interpretiert. Es ist noch viel eher als bei der sinnlichen Wahrnehmung möglich, die Informationen durch subjektive Stimmungen einzufärben und zu verfälschen. Wer diesen Prozess für sich selber nicht transparent gemacht hat, wird gar nicht merken, was in den Informationen für den Klienten von ihm selber kommt. So kann man sich als Medium schwer verirren, und das wiederum ist schlecht für das Medium und den Klienten.

Leider wird in der ganzen Branche viel zu wenig auf die eigene Wahrnehmung, Interpretation und das Weitergeben der Informationen geschaut.

Das Team in der Geistigen Welt

Ich scheine hier als Medium zwar selbstständig zu sein, doch was ich tue, tue ich nicht für mich. Ich will kein Prediger oder Belehrender sein, sondern ein möglichst offener, neutraler Kanal. Ich bin mir vollkommen bewusst, dass mir diese mediale Arbeit nur möglich ist, weil es das Team in der Geistigen Welt gibt. Es besteht aus vielen Geistwesen, nicht nur aus einer Person.

Wenn ich mit jemandem an einem Tisch sitze und mich mit ihm unterhalte, überschneiden sich im Grunde unsere Energiefelder. Sie beeinflussen sich gegenseitig, ob wir das nun wollen oder nicht. Die Trennung ist nur scheinbar da, für unsere Augen und den Verstand. Auch wenn ich an jemanden denke, wird eine astrale Verbindung aktiviert. Schon wenn ich mich gedanklich an einen bestimmten Ort versetze, ist das eine astrale Reise. Bin ich in einem veränderten Bewusstseinszustand, wie etwa einer schamanischen Trance, dann erscheint mir die Reise als wirklich. In so einer „nichtalltäglichen Wirklichkeit" kann ich zu einem entfernten Menschen reisen und würde auch seine Umgebung wahrnehmen und sehen, was die Person dort gerade tut.

Wenn ich in der Geistigen Welt an jemanden denke, dann bin ich sofort bei ihm und mit ihm zusammen. Ist der verstorbene Vater bei seiner Tochter auf der Erde und fühlt, dass sie traurig ist, dann weiß das zugleich auch jeder in der Geistigen Welt, der sich dafür interessieren könnte, da alle miteinander verbunden sind.

Unterstützung bei Jenseitskontakten

Meine mediale Arbeit lässt sich in verschiedene Bereiche unterteilen: Ich gebe Jenseitskontakte, unterrichte Medialität, gehe in Trance und arbeite als physisches Medium. In jedem dieser Bereiche ist das Team aus der Geistigen Welt anders zusammengesetzt.

Wenn jemand um einen Termin bei mir anfragt, weil er Kontakt mit seiner verstorbenen Mutter haben möchte, dann weiß die Mutter das spätestens bei der Vereinbarung des Termins. Sie wird sich darauf vorbereiten und sich auch auf mich als Medium einstellen. Ich erlebe es immer wieder, dass nicht nur die Klienten, sondern auch die Verstorbenen bei ihrem ersten Kontakt unsicher, schüchtern, ja sogar misstrauisch sind, ob so eine Kommunikation tatsächlich funktioniert. Sie werden vor oder sogar während der Sitzung im Hintergrund von anderen aus der Geistigen Welt, zum Beispiel Geistführern, beraten und unterstützt. Das bekomme ich nicht so direkt mit, und es ist für den eigentlichen Kontakt auch nicht wichtig.

Ich nehme die Leute wahr, wie sie da stehen, was sie anhaben, wie sie sich zeigen, was für eine Persönlichkeit sie hatten und vieles mehr. Bei Jenseitskontakten mit Geistwesen, die das erste Mal kommen oder eher schüchtern sind, braucht es vielleicht einen Moment, bis sie „stark" da sind. Mit der Zeit verlieren sie die Unsicherheit, werden zutraulicher, kommen mir stärker entgegen. Ich habe noch keinen Jenseitskontakt erlebt, der die Begegnung nicht zumindest interessant fand. In der Regel ist die Stimmung seitens des Verstorbenen gut und freundlich. In jedem Fall lernen wir uns gegenseitig kennen.

Das Medium sollte natürlich möglichst herzlich und offen, unvoreingenommen und neutral, zugleich aber auch flexibel und psychologisch einfühlsam sein. Jeder Mensch hat bekanntlich mehrere Seiten, auch dunkle. Je nach angesprochenem Thema zeigt der Verstorbene sich von einer Seite, die aber nicht sein gesamtes Wesen ausmacht. Will sich ein Vater bei seiner Tochter dafür entschuldigen, dass er sie als Kind schlecht behandelt hat, zeigt er eine dunkle Seite. Das Medium muss aber nicht in diesem Sinne „einseitig" in der Darstellung bleiben. Es kann ergänzende, auch positive Aspekte ansprechen.

Dieser Vater ist nun gleichsam umgeben von seinen Freunden, die ihn „gebrieft" haben, und von meinem Team. Man begrüßt sich vielleicht, stellt sich gegenseitig vor, bereitet sich vor und bespricht das Kommende. Am Anfang, als ich noch unsicher war, war meine Einstellung zum Selbstmord zum Beispiel eher ablehnend, und so hatte ich im ersten Jahre kaum Kontakte mit Menschen, die sich selber das Leben genommen hatten. Heute ist das anders. Ich bin da sehr viel offener. Ich hatte anfangs auch eine Scheu, die genauen Umstände eines Todes anzusprechen. Ich wollte nicht wissen, wie und wo jemand gestorben war, weil ich das schrecklich fand. Auch das hat sich mittlerweile geändert. Ich gebe alle diese Informationen problemlos weiter.

Mein Team in der Geistigen Welt hat also unter anderem die Aufgabe, den Jenseitskontakt vorzubereiten; denn dass ein Verstorbener mit seinem Kind durch mich reden kann, ist für beide Seiten ein ganz entscheidender Moment. Wenn man an einen Verstorbenen denkt, bekommt dieser das mit. Das geschieht sicher häufiger. Doch die Gelegenheit, sich den Lebenden mit Hilfe eines Mediums mitzuteilen, ist nicht ständig gegeben. Sie ist tatsächlich ganz selten. Für die Lebenden ist es sicher ungewöhnlich, zu erfahren: „Die Toten hören euch!" Doch für die Verstorbenen ist so ein medialer Auftritt noch viel außergewöhnlicher; denn wir hören die Verstorbenen nicht.

Zu meinem Team in der Geistigen Welt gehören etwa vierzig Leute, die direkt oder indirekt mit mir zusammenarbeiten. Rein rechnerisch müssten ja viele Milliarden Menschen in der Geistigen Welt sein. Und wie viele Medien und medialen Kontakte gibt es? Im Vergleich dazu sehr wenige. Bildlich gesprochen, stehen die Verstorbenen Schlange, um einen Jenseitskontakt erlangen zu können, der von geistigen Teams gleichsam organisiert wird.

Es sind bereits viele Klienten zu mir gekommen, weil ihnen im Traum mein Name als Medium empfohlen wurde oder weil es im Tagesbewusstsein einen Hinweis gegeben hat. Da ist zum Beispiel der Besucher einer Buchhandlung auf mein Buch aufmerksam geworden, weil es ein anderer aus Versehen auf den Boden fallen ließ.

Ich bin ja nicht das einzige Medium. Die Teams in der Geistigen Welt können Verbindungen herstellen oder Empfehlungen geben – der und der könnte als Medium zu dir passen.

Mediale Arbeit findet in jedem Land auf der Erde statt, auch in China, Russland und der Türkei. Allerdings sind England und die Schweiz vermutlich etwas fortgeschrittener, weil hier die moderne Form oder Schule des Spiritismus im 19. Jahrhundert entstanden ist. Vor dem Ersten Weltkrieg konnten berühmte Medien große Säle wie die Royal Albert Hall in London mit ihrer „Performance" füllen. Später traten dann Medien ganz anderer Art, nämlich Rundfunk und Fernsehen, in Konkurrenz dazu.

Bei meinen anderen Aufgaben wie der Ausbildung von Medien und dem spirituellen Heilen hilft mir das Team aus der Geistigen Welt ebenfalls ganz beträchtlich.

Medialität bei Kindern

Kleine Kinder haben Zugriff auf das Göttliche. Ihr Bewusstsein bewegt sich hin und her zwischen Göttlichem und Physischem. Dabei werden die Ebenen der Geistigen Welt, das Reich der Verstorben, berührt. Sie tauchen auf und verschwinden (wie bei uns die Gedanken). Das kleine Kind ist höchst empfänglich für alle Anregungen, auch für die von den Vorfahren aus der Geistigen Welt. Je nach Toleranz der Erwachsenen – darf das sein oder nicht – bleibt die Fähigkeit des Kindes erhalten oder geht verloren beziehungsweise wird überlagert vom Denken und der materialistischen Weltsicht des Erwachsenen.

Papa und Mama sind alles für das kleine Kind. Guru, Ernährer, Gott. Sie streicheln, waschen, füttern, beruhigen… Was die Eltern sagen, ist absolutes Gebot. Wenn es heißt: „Nein, so etwas wie das, was du da siehst, gibt es nicht!" – dann ist das so. Auch wenn Eltern kritische Bemerkungen darüber machen. Die Verstorbenen, meistens in Gestalt von Kindern, werden noch einige Zeit wahrgenommen, man darf aber nicht darüber reden, und bald schon wird das Fenster zugemacht. Das ist bei den meisten Kindern der Fall.

Sagen Papa und Mama aber: „Oh, das ist aber spannend!“ oder sind dem Thema gegenüber positiv eingestellt und offen, kann die Hellsichtigkeit und Medialität des Kindes sich entwickeln. Die Wesen, die ihm erscheinen, sind meist Angehörige, ehemalige Bewohner des Hauses, andere Kinder oder Geistführer. Meine Empfehlung an die Eltern: Hört euren Kindern zu. Nehmt sie ernst, wenn sie von ihren Begegnungen erzählen. Das motiviert sie, weiter offen und neugierig zu sein und keine Angst zu haben. Meist sind es ja eher die Erwachsenen, die Angst vor dem Unbekannten haben.

Die Eltern sollten sich andererseits aber auch nicht zu sehr einmischen, sei es, um am Besonderen teilhaben zu können oder um das Kind zu einem Supermedium auszubilden. Das Kind ist wegen dieser Wahrnehmungen noch kein Wunderkind und sollte auch nicht in diese Richtung gedrägt werden. Es ist hierzulande nach wie vor ratsam, Fähigkeiten wie Hellsehen oder Hellhören nicht an die große Glocke zu hängen. Sie werden keinesfalls so geschätzt wie ein hoher Intelligenzquotient, außergewöhnliche Musikalität oder Sprachbegabung. Im Kindergarten braucht man damit nicht anzugeben. Es ist besser, wenn die Eltern dem Kind verständlich machen, dass die meisten Menschen nicht wahrnehmen können, was es sieht – und warum das so ist.

Wenn sich die Medialität bei einem Kind im Alter von vier bis sechs Jahren verringert, so ist das keine Katastrophe. Sie kann später wiederkommen oder auch nicht. In der Schule ist es besser, darüber nicht zu oft zu reden; denn das Risiko, nicht akzeptiert oder gar gemobbt zu werden, ist für Kinder nicht lustig. Medialität ist wie eine zarte Pflanze, die geschützt werden muss. Sie gedeiht eher im geschützten Rahmen als in dieser lauten und harten Ellbogengesellschaft.

Doch zu Hause können die Kinder mit den Eltern offener reden und über alles sprechen. Natürlich ist es unterstützend, wenn sie sich weiterbilden, entsprechende Literatur lesen oder öffentliche Auftritte von Medien besuchen.

Sollten Begegnungen mit der Geistigen Welt im Kinderzimmer für das Kind traumatisch sein, ist es sinnvoll, mit dem Kind zu reden und herauszufinden, was ihm denn wirklich Angst gemacht hat. Kann ihm die Angst nicht genommen werden, so kann es auch helfen, ein Ritual zu machen, welches den Raum von alten Energien reinigt, da dies in den meisten Fällen auch ein Grund für eine schlechte Erfahrung für das Kind sein kann. Man darf die Geistige Welt bitten, nicht mehr in diesen Raum zu kommen. Es kann auch eine Kerze in der Mitte des Raumes angezündet werden und je eine Kerze in einer Ecke. Dazu erklingt eine entspannende Musik, die dem Kind und der Mutter gefällt, zum Beispiel ein Mantra-Gesang. Man stellt sich dann vor oder sagt laut: „Ich übernehme nun diesen Raum. Alles Alte soll sich auflösen und weggehen, und ich bitte darum, dass kein weiterer Besuch aus der Geistigen Welt in dieses Zimmer kommt.“ Dann stellen Sie sich vor, wie dieser Raum von Ihrem oder einem weißen Licht gefüllt wird und alles Alte verschwindet oder sich auflöst.

Es gibt dabei zwei Aspekte: Zum einen bekommt die Geistige Welt dieses Ritual mit und wird sich danach richten; zum anderen wird dieses Ritual auch einen pyschologisch unterstützenden Effekt für das Kind und die Mutter haben.

Dieses Ritual kann auch für eine Wohnung oder ein Haus angewendet werden, wenn es zuvor von jemand anderem bewohnt worden ist. Das gilt nur für die eigenen vier Wände, die man damit auch geistig übernimmt. Wenn Sie Nachbarn haben, empfehle ich, bei den Wänden zu deren Wohnung zu enden, da wir ja nicht in deren Wohnsituation eindringen wollen. Man kann auf diese Weise fremde Energien auflösen oder hinausschicken. Wenn ich dreißig Jahre in einer Wohnung gelebt habe, sitzt meine Energie in allen Wänden.

Also lautet mein guter Rat an die Eltern in Bezug auf die Hellsichtigkeit ihrer Kinder: Zuhören, präsent sein und sich selber weiterbilden.

5 Heilen

Für mich besteht die Arbeit der Geistigen Welt hauptsächlich im Heilen. Mit Heilung kann vieles gemeint sein. Grundsätzlich geht es darum, einen harmonischen, ausgeglichenen, „heilen" Zustand wiederherzustellen. Die Jenseitskontakte spenden den Klienten vor allem Trost und helfen bei der Verarbeitung von Verlust und Trauer. So werden Menschen von Verzweiflung, Kummer und innerer Zerrissenheit „geheilt", denn sie wissen jetzt, dass es ihre Lieben noch gibt und es ihnen gut geht und eine individuelle Botschaft vielleicht noch weitere Tipps und Hinweise gegeben hat. Auch die Auflösung von negativen Gedanken- und Verhaltensmustern führt zu einer heilsamen Befreiung. Körperliche und geistig-seelische Blockaden können durch eine Energieübertragung beim geistigen Heilen aufgelöst werden.

Geistiges Heilen

Beim geistigen Heilen geht es darum, dass der Heiler mit seinem Geist in seiner Vorstellung etwas heilt oder in Harmonie bringt oder auch mit Bewegungen in der Aura des Klienten etwas repariert. Dabei gibt es unzählige Methoden, wie Reiki, Pranic Healing, Aura-Chirurgie, Quantenheilung und viele andere.

Beim spirituellen Heilen macht der Heiler nichts – also er ist nicht der Heiler, der Handlungen im Geist oder in der Materie vollzieht, sondern er ist ein Kanal – und die ganze Arbeit wird von der Geistigen Welt aus geleistet. Der Heiler ist der Transformator für die Heilenergie oder den Energiestrom aus der Geistigen Welt oder dem höchsten Bewusstsein.

Es gibt auch das Fernheilen, Heilen über Entfernung, das ohne Berührung erfolgt. Es besteht nur eine geistige Verbindung.

Die Essenz des spirituellen Heilens

Ein reiner Kanal sein

Der Klient kommt zum Heiler mit einem bestimmten Problem, einem Leiden, von dem er erlöst werden möchte, sei es physisch, emotional oder seelisch. Der Heiler als Kanal lässt alle heilende Energie durch sich durchströmen. Der Heiler sollte sich möglichst nicht einmischen, da dies die Heilenergien beeinflussen könnte. Nach dem Motto: Sein Wille geschehe, im Sinne vom göttlichen, universellen Bewusstsein.

Die Geistführer mit einem Team von Spezialisten aus der Geistigen Welt stellen den „Energiestrom" zur Verfügung und transferieren diese Heilenergie durch den Heiler direkt zum Patienten. In aller Regel geht dies über Handauflegen, aber natürlich genauso über Fernheilung. Der Heiler soll sich dabei immer zurücknehmen und nicht einmischen, denn im spirituellen Heilen macht die Geistige Welt oder das göttliche Bewusstsein die „Arbeit" – und nicht der Heiler. Ein Einmischen kann dazu führen, dass die Lebensenergie des Heilers auf den Klienten übertragen wird, was dem Klienten nicht viel bringt und dem Heiler schaden kann.

Ein sehr bekannter Schweizer Heiler kam im Alter von Mitte sechzig zu mir, weil er sich oft wie ausgelaugt fühlte und seine Praxis immer schlechter lief. Er sagte, früher sei ihm alles viel leichter von der Hand gegangen, doch jetzt sei das nicht mehr so. Bevor er mein Zimmer betrat, hatte es sich mit fantastischen Farben gefüllt, wie ich sie im normalen Leben noch nie gesehen hatte. Da standen Dutzende von Geistführern und Engel, bereit, in der nächsten Sitzung mitzuwirken. Ich wusste jedenfalls, die Anwesenheit dieser Energiewesen hatte nichts mit der vorherigen Sitzung zu tun. Die hatte ich gerade abgeschlossen. Als der nächste Klient dann eintrat und wir den ersten Austausch hatten, musste ich ihm zunächst die Dankbarkeit und Ehrfurcht aus der Geistigen Welt übermitteln. Dabei erstrahlte der Raum in einem intensiven Rot.

Nach meiner ersten Analyse seiner Energie und Situation war mir klar, dass er für seine Geistige Heilung kein Training und keine Ausbildung erhalten und immer spontan so geheilt hatte, wie es ihm richtig vorkam. Er bestätigte mir das und meinte, er sei über die letzten zwanzig Jahre zunehmend erschöpft und müde geworden. Ich unterrichtete ihn, wie er beim Heilen vorgehen sollte, damit alles wieder ins Lot kommen könne. Ich riet ihm, wie er sich selbst ganz herausnehmen könne, um sich beim Heilen nicht so zu verausgaben. Der Patient dürfe ihn als Person nicht interessieren; weder seine Krankheit noch seine Lebensgeschichte. Er dürfe im Grunde nicht einmal wollen, dass es dem Patienten nach einer Behandlung besser gehe, denn durch diesen Wunsch oder dieses Wollen ströme die eigene Lebensenergie zum Klienten. Der Heiler wurde bald darauf wieder sehr erfolgreich und dankte mir später für meinen Rat.

Viele Heiler fühlen sich berufen, was auch in Ordnung ist, bedenken bei ihrem Heilen jedoch nicht, dass es Regeln zu beachten gilt – auch zu ihrem eigenen Schutz. Ein Geistführer wirkt durch den Heiler meist über den Nacken oder Hinterkopf. Er tritt gleichsam von hinten an den Heiler heran.

Bei einer anderen Form des spirituellen Heilens verbindet sich der Heiler unmittelbar mit dem göttlichen Bewusstsein. Dies geschieht durch das Scheitel- bzw. Kronen-Chakra. Es ist wie eine Antenne, die sich auf die unendliche Weite des allumfassenden Bewusstseins ausrichtet. Auch hier gilt: „Sein Wille geschehe!“

In aller Regel kombinieren wir diese beiden Ansätze im spirituellen Heilen – denn die Geistige Welt unterstützt jegliches Heilen auch ohne Zutun oder Wissen der Menschen.

In der Regel dauert eine geistige Heilung zwischen zehn und zwanzig Minuten, und zwar nicht, weil es nicht mehr Heilenergie gäbe, sondern weil sich danach die Konzentrationsfähigkeit des Heilers verschlechtert. Die Geistige Welt ist bei allem, was wir tun, anwesend, egal ob wir das mitbekommen oder nicht. Selbst wenn der Geistheiler nicht an Geistführer denkt oder ihre Gegenwart spürt – sie sind da.

Entspannen

Bei Krankheiten oder Operationen sind meist ganze Teams aus der Geistigen Welt bereit. Bin ich ein Heilmedium, dann habe ich ganz verschiedene Geisthelfer, die mich im Heilungsbereich unterstützen. Im Team können ein Chirurg, ein tibetischer Mediziner und ein Schamane eine Heilungsenergie schicken. Was die Heilung natürlich beschleunigt. Gut ist, wenn der zu Heilende „bei sich“ und in Ruhe, nicht im Stress ist. Je ruhiger der Mensch ist, desto stärker sind seine Selbstheilungskräfte und desto besser können die positiven Einflüsse aus der Geistigen Welt zu ihm vordringen.

Ein einfaches, anschauliches Beispiel ist das Handauflegen. Bei einem unruhigen Klienten braucht es zunächst viel Energie, um ihn zu beruhigen. Deshalb ist es beim Heilen wichtig, dass eine entspannte Atmosphäre herrscht. Dann kann die Heilenergie gleich dort wirken, wo sie gebraucht wird.

In jedem Fall sollte ein Heiler seine Arbeit tun und nicht zu viel reden. Der Klient sollte möglichst zügig entspannen können. Man kann ihn zum Beispiel einige Minuten entspannende Musik hören lassen, so dass er loslassen kann. Auch nach der Heilungssitzung empfehle ich, nicht zu viel zu reden, damit die Heilungsenergien weiter wirken können.

Hingabe

Für mich war es schon als kleines Kind klar: Ich muss nichts tun, sondern mich einfach mit dem Göttlichen verbinden, denn in der Reinheit des Göttlichen herrscht perfekte Harmonie.

Die Menschen sind in ihrer wahren Essenz nicht getrennt vom Ganzen. Von daher kann sich im Prinzip jeder selbst heilen. Doch fast alle Menschen sind so sehr in ihren Gedanken, Vorstellungen und oft Vorwürfen gefangen, dass die Verbindung zum Göttlichen blockiert ist oder unterbrochen zu sein scheint. Da kommt der Heiler als Kanal ins Spiel. Wohlgemerkt, nur als verbindender Kanal, nicht als Quelle des Heilens. Allenfalls könnte man sagen, dass der Heiler helfe, die Selbstheilungskräfte zu aktivieren.

Im Gleichgewicht?

Geht man von einer ursprünglichen göttlichen Harmonie der Kräfte im System aus, wie etwa beim Yoga, im Buddhismus, im Schamanismus und auch im Ayurveda, dann bedeutet Krankheit Disharmonie der Kräfte oder Energien. Je stärker die Abweichung von der göttlichen Ausgeglichenheit, desto größer die Krankheit und der Bedarf an Heilung. Krankheit muss nicht unbedingt medizinisch feststellbar sein. Selbstsucht, Ignoranz, Grausamkeit, Neid oder Habgier können ebenfalls als Krankheit angesehen werden. Aus Sicht des Höchsten oder auch der Geistigen Welt handelt es sich um eine Störung des inneren göttlichen Gleichgewichts. Der betroffene Mensch ist allerdings nicht dieser Meinung. Er will sich meist auch gar nicht ändern. Jemand, der sein Geld macht, indem er andere über den Tisch zieht, hält sich ja für besonders clever, warum sollte er also etwas ändern.

Einige meiner Lehrer haben mir beigebracht, dass eigentlich alle Menschen heil sein könnten. Die Grundlage sämtlicher Störungen und Krankheiten ist die Idee des Getrenntseins – die Idee, wir seien isoliert von anderen. Wenn die Menschen durch die spirituelle Entwicklung ihre Blindheit überwinden und auf dem Weg zu Erleuchtung ihre Anhaftungen und Süchte aufgeben könnten, wären viel mehr Menschen heil, in Harmonie und zufrieden. Doch das ist noch nicht der Fall. Damit ist die Frage verbunden: Warum kann Gott – oder die Geistige Welt – nicht einfach direkt heilen oder alles im ursprünglichen Gleichgewicht belassen?

Eine gängige Antwort lautet: Dem Menschen ist der freie Wille gegeben. Er kann sich für das Unglück und die Disharmonie entscheiden. Sein Ego führt ihn in die Trennung von Gott und zugleich in die Störung oder gar Krankheit. Leider denken Menschen immer wieder zu gut oder zu schlecht von sich selber und behindern darum die Selbstheilung – die Erkenntnis, dass wir untrennbar mit dem Göttlichen verbunden sind.

Genau dafür wird ein Heiler ein Heiler, weil er anderen Menschen beim Heilwerden helfen will, sei dies auf körperlicher, emotionaler, spiritueller, mentaler oder physischer Ebene. Jeder ist jederzeit willkommen, und es braucht absolut keine Voraussetzungen, denn Gott liebt alle Menschen, alle Wesen absolut gleich und macht keinen Unterschied.

Der Heiler dient als Kanal, und die Heilenergie kann durch die Schwierigkeiten oder vielleicht auch die Ignoranz des Klienten hindurchfließen und genau da hingehen, wo wie am meisten benötigt wird. Jeder Bedürftige ist jederzeit erwünscht, denn Gott macht keine Unterschiede, diese macht nur der Mensch.

Wenn ich Menschen die Hand auflege, entspannen sich diese immer. Ich bin dann mit dem Göttlichen verbunden, und mein Team aus der Geistigen Welt macht den Rest. Vieles kann so geschehen. In jedem Fall sendet das Team von Experten aus der Geistigen Welt eine Art Energiemischung, die für die betreffende Person genau richtig ist.

Oft haben mir meine Klienten berichtet, dass sie ungewöhnliche Veränderungen gespürt haben, nachdem sie einen Termin mit mir vereinbart hatten. Das Team aus der Geistigen Welt hat dann praktisch schon mit der Arbeit begonnen.

Die Heilung des Herzens

Das Herz ist der zentrale Motor unseres Körpers und dient zugleich oft als Symbol für die Seele. Viele Redewendungen bringen die Verbindung von Körper, Geist und Seele mit dem Begriff des Herzens oder im Bild des Herzens zum Ausdruck. Wenn jemand an gebrochenem Herzen starb, soll das heißen: Ein Verlust oder eine Enttäuschung waren so stark, dass es zu einem Herzversagen kam. Ein „schweres Herz" bedeutet Kummer, Trauer oder Sorge: „Schweren Herzens überließ er seine Familie ihrem Schicksal." Eine Entscheidung, die einem nicht leichtfällt. Ein verschlossenes Herz – das bedeutet, jemand ist hart gegenüber sich und anderen. Wir sind im Herzen berührt oder bewegt. Das Herz hüpft vor Freude oder es klopft wie rasend, vor Aufregung. Ein weites, offenes und großes Herz steht für Aufgeschlossenheit, Großzügigkeit und Mitgefühl. Erleichterung wird beschrieben mit: „Da fällt mir ein Stein vom Herzen!" Manchmal heißt es nur knapp: Er oder sie habe Herz oder zeige Herz. Wir wissen, was gemeint ist.

Im Kontakt mit der Geistigen Welt spielt das Herz eine entscheidende Rolle. Die meisten Verstorbenen realisieren erst dort, wie wenig sie in ihrem Leben auf die Herzqualitäten geachtet haben. Daher ist es ihnen eine „Herzensangelegenheit", den Lebenden Trost zu spenden, sie um Verzeihung zu bitten oder sie dazu anzuregen, mehr Liebe zuzulassen.

Die Erleichterung

Wenn jemand zu mir kommt, um über mich Kontakt zu einem Verstorbenen aufzunehmen, dann ist der Anlass meist eine tiefe Trauer oder sogar Verzweiflung über den Verlust eines geliebten Menschen. Allein schon die Gewissheit, dass der schmerzlich vermisste Mensch tatsächlich noch existiert, wenn auch ohne physischen Körper, ist meist der erste und wichtigste Schritt zur seelischen Heilung.

Ich möchte an dieser Stelle aus einer Dankeskarte an mich zitieren, die auf den Punkt bringt, worum es geht.

„…im November vergangenen Jahres hast du mir in Königstein einen Jenseitskontakt mit meinem Mann J. hergestellt. Ebenso mit meiner Mama und meiner Schwester S. Seit dieser Zeit hat sich mein Leben total verändert. Es löste sich meine schwere, unendliche und traumatische Traurigkeit und der tief liegende seelische Schmerz. Ich wusste jetzt, dass das Leben weitergeht, nur in einer anderen Form; und meinen Lieben geht es gut dort, wo sie sind. Diese Gewissheit ließ mich wieder durchatmen, und ich fühlte mich frei, um meinen eigenen Weg zu finden und zu gehen. Es war für Herz und Seele eine wahre Befreiung. Mein J. ist jetzt noch näher bei mir, und ich schöpfe aus dieser Verbindung Kraft, Mut und Zuversicht. Meine Lebensfreude ist wieder zurückgekehrt! In tiefer Dankbarkeit…“

Die große Liebe

Hier ein weiterer Brief, in dem eine 60-jährige Klientin ausführlich und berührend von ihrer Liebe zu ihrem Mann erzählt, dessen Tod ihr das „Herz zerriss“.

„Ich möchte euch erzählen, wie sich in wenigen Minuten mein Leben verändert hat. Ich war sehr glücklich mit meinem geliebten Kurt. Wir lachten und weinten gemeinsam und hatten viel Spaß im Leben. Wir waren ein gutes Team und konnten über alles reden. Kurt war für mich wie ein Engel, er war immer für mich da, er war sehr hilfsbereit und fürsorglich. Kurt war mein Sonnenschein. Unsere Liebe war so schön, und wir verstanden uns oft auch ohne viele Worte. Kurt war ein leidenschaftlicher Koch-Confiseur, und was er tat, tat er mit viel Liebe. Wir haben vieles zusammen gemacht, wir haben zusammen in der Bibel gelesen und haben oft über den Tod gesprochen. Schon als Kind dachte ich mir, wenn ich sterbe, bin ich nicht einfach tot, der Tod ist doch eine neue Geburt, und das Leben geht danach weiter.

Wir sagten uns jeden Tag, dass wir uns immer und ewig lieben werden, was immer auch geschehe. Dann, am 30. Mai 2012, hat das Schicksal hart zugeschlagen. Kurt kam mittags nach Hause und sagte mir, dass er sich nicht wohl fühle. Ich sagte ihm, er soll sich etwas ausruhen, aber er machte zuerst noch einen Fruchtkuchen. Danach setzte er sich aufs Sofa und nahm seinen PC auf den Schoß. Immer wieder legte er seinen Kopf nach hinten und sagte zu mir, dass er sich so wohl fühle, aber wenn er den Kopf gerade halte, fühle es sich an, als würden tausende Ameisen über seinen Nacken laufen. Ich fühlte mich nicht mehr wohl und dachte, da stimmt etwas nicht. Ich setzte mich neben Kurt und massierte ihm sanft den Nacken. Ich schaute ihn an und spürte eine tiefe Trauer in mir. Ich sah, wie Kurt lange in dieselbe Richtung schaute, und auf einmal machte er drei tiefe Atemzüge und sank dann in sich zusammen. Seine Augen verdrehten sich, und ich zitterte am ganzen Körper. Ich rief sofort die Sanitäter und versuchte, meinen geliebten Kurt wiederzubeleben. Es gelang mir nicht. Ich fühlte mich so hilflos, und dicke Tränen rannen über mein Gesicht."

Ich sagte: „Bitte, Kurt, lass mich nicht allein, bleib noch bei mir, du bist meine große Liebe bis in alle Ewigkeit. Bleib doch noch bei mir!" Aber ich spürte, dass seine Seele den Körper bereits verlassen hatte und über mir schwebte. Als die Sanitätspolizei und der Arzt eintrafen, legten sie Kurt auf den Boden. Ich deckte ihn mit einer Decke zu und zündete über seinem Kopf eine Kerze an. Bald war meine ganze Familie da, und der Arzt sagte uns, dass Kurt leider verstorben sei und sie nichts mehr für ihn tun konnten. In mir brach eine Welt zusammen. Mein Sohn stand da wie angewurzelt, er sagte kein Wort. Ich legte mich neben meinen geliebten Kurt, hielt seine Hand und legte meinen Kopf auf sein Herz... Stundenlang lag ich so neben ihm. Meine Familie und ich haben für Kurt gebetet, und ich habe ihm eine gute Reise gewünscht und ihm gesagt, dass ich ihn immer und ewig lieben werde und wir uns wiedersehen und ewig zusammen sein werden. Ich habe ihm einen Liebesbrief mit auf seine Reise mitgegeben. Am nächsten Morgen kam meine Freundin aus St. Gallen und hat mir einige Tage in meiner Trauer beigestanden, und ich war sehr froh darüber, denn es war eine sehr schwere Zeit für mich.

Es gab Zeiten, da wusste ich weder ein noch aus. Mein geliebter Kurt hatte bei mir eine große Lücke hinterlassen, und mein Herz fühlte sich an, als wäre es zerrissen. Dann erzählte mir eine Bekannte von einer Institution, die eine Verbindung zu den Verstorbenen herstellen kann. Ich schaute im Internet nach und sah auf das Foto eines sehr sympathisch aussehenden Mannes. Ich spürte sofort: Dieser Mann kann mir helfen. Ich vereinbarte einen Termin bei ihm, denn ich hatte so sehr das Bedürfnis, mit jemandem über meine tiefe Trauer zu sprechen.

Ich musste Andy keine Erklärungen abgeben. Er erzählte mir Dinge über Kurt, die er gar nicht wissen konnte. Andy erzählte mir über Kurts Tod und wie es ihm in der Geistigen Welt gehe. Ich musste diesen Jenseitskontakt zuerst verdauen und verstehen. Ich war sprachlos. Jedesmal, wenn ich sehr traurig war, hörte ich, wie jemand die Küchenschranktüre öffnete, und ich dachte mir, werde ich jetzt noch verrückt? Aber Andy bestätigte mir, dass sich mein liebster Schatz bemerkbar mache, um mir zu sagen: „Hei Liebling, ich bin's. Ich bin bei dir!" Ich war überwältigt.

Ich hatte noch einige Sitzungen bei Andy und spürte immer mehr, wie eng Kurt und ich verbunden sind. Ich nehme ihn immer mehr wahr und spüre, dass er viel Zeit bei und mit mir verbringt. Ich spreche mit ihm und spüre seine Liebe und seine Wärme. Abends sitzt er auf meinem Bett und gibt mir einen Gutenachtkuss. Ich weiß jetzt, dass mein geliebter Kurt immer bei mir ist, mich begleitet und beschützt. Ich bin sehr dankbar für die schönen Stunden, die ich mit Kurt verbringen durfte, und ich werde ihn immer und ewig lieben, denn er wird immer mein Sonnenschein sein. Ich weiß, wenn ich diese Erde verlassen muss, kann ich meinen Kurt wieder in die Arme nehmen.

Ich möchte mich bei dir, lieber Andy, aus tiefstem Herzen für all deine guten Worte und die wunderbaren Sitzungen, die ich bei dir hatte, bedanken! Mit deiner Hilfe sehe ich die Welt nun mit anderen Augen. Du bist ein bemerkenswerter, wunderbarer Mensch, und du wirst immer in meinem Herzen sein. Es ist schön, dass es dich gibt."

Die Gegenwart des Verstorbenen spüren

In der folgenden Sitzung wollte eine 30-jährige, dass ich ihre Mutter im Jenseits kontaktiere. Wie immer beschrieb ich meine Wahrnehmungen und bat sie, nur mit Ja oder Nein zu antworten, damit wir sicher sind, dass es sich bei der Person tatsächlich um die Mutter handelt.

Deine Mama ist noch nicht lange tot? (Nein, ein halbes Jahr.)

Sie ist ein korrekter Mensch, kein Chaot. Sie ist etwa so groß wie du, um die 1,60 m.

Sie ist eine geschäftige Frau, die auch gerne redete, aber das Schimpfen vermied. Ihr Tod kam überraschend und schnell. Es hatte etwas mit Herz und Kreislauf zu tun. Sie war zwar krank, doch niemand hatte damit gerechnet, dass es so schnell zu Ende geht.

Du warst in der Nähe, als sie starb, und hast sogar gespürt, wie sie schon nach wenigen Minuten in der Geistigen Welt angekommen ist und dass es ihr dort besser ging. (Ja)

Du hattest bereits so etwas erwartet. Sie war jedoch zunächst etwas desorientiert und überrascht, dass es tatsächlich so nahtlos weitergeht. Sie wollte eigentlich noch nicht gehen. Sie wollte noch einiges machen und erleben. Ich sehe da einen schönen Garten, in dem sie gerne gearbeitet hat. Ein helles Haus. (Ja, stimmt!) Auf dem Land, es gab auch Nachbarn, allerdings keine Reihenhaussiedlung, eher verstreut, weitläufig.

Sie war durchaus interessiert an einem Austausch mit den Nachbarn, die sie mochten, doch wollte sie sich dann bald auch wieder anderen Dingen widmen und nicht so viele Ratschläge hören. Eine gewisse Sturheit verbunden mit Weisheit. (Ja, genau.)

Sie hielt im Herzen Zwiesprache mit Gott und Jesus. Es scheint auch eine Verbindung zur Geistigen Welt gegeben zu haben.

Beim Kochen hatte sie geradezu drei Hände. Als junge Frau muss sie viel gekocht haben, auch für andere Menschen. Weißt du etwas darüber? (Ja, sie war früher in einer Gastwirtschaft tätig.)

Sie sagt, es war ihr wichtig, frisches Gemüse zu verwenden und keine Konservennahrung. Manchmal hast du ihr beim Einkaufen mit dem Auto geholfen, wofür sie dir dankbar ist. Sie hat es geschätzt, mit dir zum Shoppen zu gehen. Das war so ein großes Einkaufszentrum mit Gemüseabteilung. Ihr seid da herumgebummelt, habt auch mal einen Kaffee oder ein Glas Wein getrunken. Die große Auswahl fand sie toll, wie Weihnachten.

Sie liebte den frühen Morgen mit dem Vogelgesang, das fand sie besonders schön. Sie meint, es sei sehr lieb, dass du dich um die Blumen in ihrem Garten kümmerst. Doch sie bittet dich, nicht mehr an diesen Sachen von ihr zu hängen. Werd' den alten Audi und den Golf los. Verkaufe oder vermiete die leerstehende Wohnung. Sie sagt: „Schatz, das bringt nichts, ich bin nicht mehr da. Es ist Frühling, mach den Frühjahrsputz und gehe weiter nach vorne!" (Die Tochter weint.)

Setze dich einmal gerade hin, Augen zu. Lasse dich in deinen Bauch sinken. Dehne dein Energiefeld, deine Aura weit aus. Und bitte deine Mutter innerlich: „Mama, komme bitte in mein Energiefeld!" Achte auf deine rechte hintere Seite. Ist da jemand von der Energie, Größe, Haarfarbe deiner Mutter? Sei still, beobachtend und genieße ihre Nähe.

Ist sie noch da? (Ja.) Dann bleibt einfach noch einen Moment zusammen.

Das kannst du jederzeit selber ausprobieren, du bist selber medial begabt.

Deine Mama bleibt an deiner Seite und beschützt dich. Da, wo sie ist, ist sie zufrieden. Sie muss nichts tun. Sie trifft Menschen; die Geistige Welt hat ihr vieles zu bieten.

Als Mensch, wie du sie kennst, ist sie gestorben. Der Körper mit all seinen Eigenschaften, wie er sich anfühlt beim Berühren, wie sie gerochen hat, ihre Stimme, ihre Berührungen sind nicht mehr hier. Lasse los, was mit dem Körper zu tun hat. Schreibe ihr Abschiedsbriefe, damit du besser loslassen kannst.

Die geistige und seelische Verbindung ist immer da. Sie existiert weiter in der Geistigen Welt und kann beliebig in Gedankengeschwindigkeit hergestellt werden. Nicht wollen, sondern erlauben heißt der Schlüssel.

6 Jenseitskontakte

In diesem Kapitel beschreibe ich verschiedene Jenseitskontakte und erläutere meine Vorgehensweise. Es kommen auch Teilnehmer von meinen Workshops zu Wort. Ich gebe also Einblicke in die mediale Werkstatt.

Sensitivität und/oder Medialität

Zunächst möchte ich auf eine Unterscheidung hinweisen, die mir wichtig ist, die allerdings selten in meiner Branche getroffen und beachtet wird. Medialität und Sensitivität sind zwei verschiedene Arbeitsweisen, Vorgehensweisen und Bereiche.

Sensitivität ist eine feinstoffliche Wahrnehmung, die sich auf Lebewesen und Dinge auf der Erde bezieht. Vielen mag es wie Zauberei oder Hokuspokus erscheinen, wenn der Sensitive Informationen aus der Aura, dem Energiefeld einer Person, *liest*, die den normalen Sinnen verborgen scheinen. Doch die Objekte existieren auf der materiellen, physischen Ebene. Selbst wenn einem die Zukunft zutreffend mit Hilfe von Hellsichtigkeit vorausgesagt wird, die Geistige Welt ist dabei nicht nötig.

Medialität definiere ich als feinstoffliche Wahrnehmung der Geistigen Welt. Sie ist nichtphysisch, jenseits von Raum und Zeit und dem Göttlichen näher als die Sphäre der Sterblichen.

In einem Wochenend-Workshop für Einsteiger in Zürich sollten die Teilnehmer am Samstag lernen, mit typisch sensitiven Mitteln zu arbeiten. Am Sonntag vermittelte jeder in einer Gruppe Botschaften von Verstorbenen, bekam also einen ersten Geschmack von Medialität. Die Gruppe setzte sich aus fünf männlichen und neunzehn weiblichen Teilnehmern zusammen. Ich hatte acht meiner bisherigen SchülerInnen eingeladen, mich zu unterstützen.

Sensitivitäts-Übungen

Nachdem sich jeder in der Runde vorgestellt hatte, bestimmte ich jeweils Paare, die sich gegenübersitzen sollten. Dabei wählte ich teils intuitiv, teils gezielt, dass eine meiner bisherigen Schülerinnen mit einem Einsteiger zusammenkam. Die Aufgabe lautete: Schaut euch in die Augen. Jeder berichtet seinem Gegenüber, was er wahrnimmt. Nicht die Farbe der Augen oder der Haare oder die Pickel im Gesicht, sondern zum Beispiel: Welchen Beruf der andere hat, wie er wohnt, was er am liebsten mag, tut oder kocht. Also genau das, was ihr nicht sehen könnt. Versucht nicht, aus der Kleidung oder sonstigen scheinbaren Anhaltspunkten irgendetwas Verblüffendes abzuleiten. Ihr müsst hier nicht originell sein. Beschreibt vielmehr, was an Ideen im Moment hochkommt, auch wenn es für euch keinen Sinn macht. Bleibt im Fluss. Jeder hat fünfzehn Minuten, dann wird gewechselt.

Diese Übung ist immer ein guter Einstieg, weil sich die Teilnehmer unmittelbar begegnen können. Schon sich in die Augen zu schauen, ist eine starke Meditation, wo alle ruhiger werden und zugleich ein seelischer Austausch jenseits des Verstandes stattfinden kann. Wie bei allen folgenden Übungen besuche ich kurz jedes Paar und registriere die Energie: Ist sie harmonisch, im Fluss oder gibt es Barrieren, Widerstände oder Kopflastigkeit – und greife unterstützend ein.

In der Feedbackrunde zeigen mir die Wortmeldungen, ob und wo es hakt. Bei dieser Übung gibt es selten Beschwerden. Meist werden

Trefferquoten gemeldet wie: „Bei mir hat vieles gestimmt." In jedem Fall ist die Gruppe tiefer miteinander verbunden, das spürt auch ein Laie deutlich.

Bei solchen Übungen geht es auch darum, zu beweisen, dass wir kein *Coldreading* machen. Coldreading ist eine Fähigkeit von Mentalisten, aus der Gestik, Mimik und den Worten eines Menschen Schlüsse zu ziehen. Wenn wir aber beschreiben können, wie jemand wohnt, was jemand arbeitet, ohne vorher darüber zu reden, dann übertreffen wir die Möglichkeiten des Coldreadings. Deshalb beginnt jede Sitzung, ob Jenseitskontakt oder Sensitiv-Übung, mit der Beweisführung, damit Medium und Klient genau wissen, wer da ist oder wo wir uns thematisch befinden. Das ist aus meiner Sicht für die Qualitätssicherung immens wichtig. Selbstüberschätzung führt zu Arroganz, und die wollen wir gar nicht erst entstehen lassen.

Ich möchte noch drei weitere Übungen vorstellen.

Beim sensitiven Spüren von Gegenständen, wir nennen das „Psychometrie", gibt zunächst jeder etwas von sich in einen Korb. Was ein Mensch eine Weile bei sich trägt, erhält die Energie des Besitzers oder Trägers. So können nicht nur Informationen über den Gegenstand selber, sondern auch über den Besitzer herausgefunden werden. Viele geben ihre Uhr, Frauen oft ein Schmuckstück, manche auch Münzen, Feuerzeug, Schlüsselanhänger oder Sonnenbrille. Danach geht der Korb wieder herum, und jeder ergreift einen Gegenstand. Er schreibt auf ein Blatt Papier, was ihm zum Objekt oder zum Besitzer einfällt. Zum Beispiel Sonnenbrille: Urlaub, geklaut, Liebesgrüße aus Italien, Gewitter. Dann aber auch viele Details über den Besitzer, dessen Lebenssituation und viele andere spannende Einzelheiten. Am Schluss wird dann die Information ausgetauscht, so dass der Besitzer Ja oder Nein sagen kann zu den Feststellungen auf dem Papier. Jeder Teilnehmer weiß also am Ende, wie er anhand seines Objekts eingeschätzt wurde, und jedes Medium in der Ausbildung kann so besser beurteilen, wo seine Stärken und Schwächen liegen. Die Übereinstimmung liegt meist über 60%. Manch ein Teilnehmer ist über die eigene Trefferquote positiv überrascht.

Bei einer anderen Übung erhält jeder eine Inspirationskarte mit einem detailreichen, phantasievollen Bild. Wieder wird in Paaren gearbeitet, die ich in der Regel aussuche. Jeder hat eine halbe Stunde Zeit, dem anderen Auskunft über tiefere Ebenen seiner Person (Lebenssituation, Beruf und so weiter) zu geben, und zwar anhand des Bildes. Einige der Fortgeschrittenen bekamen von mir besondere Aufgaben, wie etwa: Finde jedes wichtige Ereignis der letzten zehn Jahre heraus. Ein Beispiel: Eine der Karten zeigt einen Indianerhäuptling inmitten von Politikern der USA um 1850 an einem Konferenztisch. Was fällt dem Partner dazu ein? Es ist keine einfache Übung. Immer wieder ist zu prüfen, welche Interpretation vom Kopf kommt, nur Projektion ist, und was aus einer tieferen Ebene der Information stammt – also sensitiv ist und der Realität entspricht.

Die Karte dient zur Inspiration. Entweder jemand liest einzelne Symbole und Farben auf der Karte und lässt sich so immer wieder dazu inspirieren, wirkliche Ereignisse herausfinden, oder die Karte „spricht" als Ganzes mit dem Medium. So können viele Details aus dem Leben des Klienten herausgefunden werden.

Eine entspannende Übung, die wieder in Paaren durchgeführt wird: Einer zeichnet für den anderen ein Seelenbild oder ein Aura-Gramm auf einem Zeichnungsblock mit Farbstiften, Filzstiften oder etwas anderem. Natürlich geht es nicht um eine realistische Darstellung oder wer am besten zeichnen kann. Das Bild kann eine wilde Anhäufung von Spiralen und Kreisen, ein dickes rotes Quadrat, ein Wald voller fremdartiger Gewächse oder ein vielfarbiger lustiger Elefant sein. Der Künstler geht sensitiv vor, wobei eben die Maßstäbe des Verstandes möglichst beiseitegelassen werden. Anschließend gibt er dem Porträtierten seine Erläuterungen, indem das Bild interpretiert wird, also wiederum als Quelle der Inspiration dient. Es geht dabei vor allem darum, immer mehr in den Energiefluss der Informationen zu kommen und sich immer weniger von der Ratio oder dem kontrollierenden Ego-Ich unterbrechen zu lassen.

Medialität

Am Samstagabend vermittelte ich Jenseitskontakte. Die Veranstaltung war nicht Teil des Workshops, sondern öffentlich. Es waren viele mir unbekannte Gesichter im Publikum, die sich neugierig umschauten. Von den Workshop-Teilnehmern waren nur wenige gekommen, unter ihnen der Redakteur dieses Buches aus Deutschland. Ich hatte gleich zu Anfang einen Kontakt, der ihn betraf. „Ich habe einen älteren Herrn mit grauen, lockigen Haaren, etwa 1,70 m. groß, rundlich, mit Anzug. Eine würdevolle Erscheinung mit sehr aufrechtem ruhigen Gang." Er wusste sofort, dass es sich um seinen verstorbenen Vater handelte. Der wollte sich bei seinem Sohn entschuldigen für sein Verhalten, das wohl nicht sehr verständnisvoll gewesen war und für die Entwicklung des Kindes wenig förderlich. „Dein Papa liegt hier gleichsam auf den Knien und bittet dich um Verzeihung!" Er war sichtlich berührt. Er vertraute mir später an, dass sein Vater ihm erst mit beginnender Demenz gesagt habe, dass er ihn liebe. Als Kind wurde er regelmäßig von ihm verprügelt. Nach dem Tod sei sein Vater ihm öfter in Träumen erschienen, meist als freundlicher und glücklicher Mensch.

Am nächsten Tag sollten die Seminarteilnehmer lernen, als Medium die Botschaften von Verstorbenen zu vermitteln. Der Vormittag war der Vorbereitung gewidmet, und einige meiner Schüler gaben Demonstrationen. Am Nachmittag ließ ich fünf Gruppen bilden, wobei in jeder mindestens ein fortgeschrittener Schüler war, der als Minigruppenleiter diente. Diese Person begann meist mit dem Kontakt, stellte sich in die Mitte der Gruppe, entweder still, mit geschlossenen Augen, oder sich hin und her bewegend. Jede(r) hat da seine/ihre ganz eigene Art. Es beginnt meist so: „Ich nehme eine Frau (oder Mann) um die sechzig wahr, klein, geht schnell. Trägt so eine dunkle Kleidung, könnte eine Tracht sein. Jetzt fällt mir ein Stock auf, ein Gehstock. Oh, es ist ein Regenschirm. Die Person benutzt den Regenschirm meist als Stock." An dieser Stelle müsste sich in der Gruppe bereits wenigstens einer gemeldet haben: „Das könnte meine Oma sein."

Es funktioniert in der Regel viel leichter und einfacher, als sich das die meisten vorstellen. Die Absicht ist ja schon da, mit der Geistigen Welt Kontakt aufzunehmen. Der ganze Raum ist voller Bereitschaft von beiden Seiten, von der irdischen und von der Geistigen Welt. Wie ich schon an anderer Stelle sagte: Die Verstorbenen stehen bei einer solchen guten und so seltenen Gelegenheit Schlange, um sich bemerkbar machen zu können. Oft dauert es nur wenige Minuten, bis sich in der Gruppe geklärt hat, um welchen Kontakt es sich handelt und wem in der Gruppe er gilt.

Ich bin natürlich bei jeder Gruppe gewesen und habe gelegentlich Tipps gegeben. Tatsächlich hat jeder einen Jenseitskontakt erfahren und vermittelt. Ein kleines Problem kann der eigene Verstand sein. Der beurteilt und kommentiert ja andauernd. „Warte mal ab, das ist noch kein echter Kontakt. Sag nichts, du führst die Leute damit doch nur in die Irre. So einfach ist das nicht, wie willst du wissen, ob das echt ist!" Man muss trotzdem einfach aussprechen, was da ist. Es ist okay, unsicher zu sein und das auch mitzuteilen: „Die Frau scheint etwas zu suchen, aber ich bin nicht sicher, was!" Wir tasten uns als Medium an die Geistige Welt heran. Gerade für Einsteiger ist es so, als würde man mit ausgestreckten Armen durch einen stockdunklen Raum geben und unterschiedliche Luftströmungen spüren.

Wenn ich meinen Schülern beibringe, wie sie Jenseitskontakte richtig darstellen, sehe ich den Kontakt in der Regel zuerst. Statt die Großmutter zu sehen, die neben dem Klienten steht, schnappt sich das auszubildende Medium gelegentlich eine verstorbene Person weiter weg am Eingang. Dann bitte ich die nahe stehende Person zu gehen und die weiter entfernte näher zu kommen, damit der Schüler nicht verunsichert wird.

Oft bemerke ich, dass der Schüler zwar die Information richtig wahrnimmt, aber nicht in der Sprache des Klienten vermittelt. Es wird eine eigene Interpretation hineingeschoben. Zum Beispiel sagt die Schülerin: „Der Mann zeigt mir eine graue Schale." Was sie nicht sagt: Auf der Schale steht ein Wort. Und was der Verstorbene vermitteln will, ist genau dieses Wort.

Ich habe oft erlebt, dass ich bei einer Demonstration nur ein wenig anders formulierte als der Schüler/die Schülerin, und der Klient, in diesem Fall auch ein Schüler, wusste plötzlich, worum es ging und was gemeint war.

Die folgende Geschichte kann demonstrieren, dass es bei Jenseitskontakten auf die Details ankommt. Sie sind es, die den Kontakt glaubwürdig machen und den Klienten überzeugen, dass der geliebte Verstorbene noch da ist.

Ein tragischer Unfall

In eine Sitzung kam einmal eine Frau um die fünfzig mit ihrer etwa 20-jährigen Tochter. Beide sahen recht mitgenommen aus, traurig und mit roten Augen. Sie waren schon bei zwei Medien gewesen, und beide hätten gesagt, dass da scheinbar niemand aus der Geistigen Welt wäre. Sie hofften, dass ich ihnen weiterhelfen könne, den Kontakt zum verstorbenen Sohn der Mutter beziehungsweise dem Bruder der Schwester herzustellen.

Ich war etwas geschockt, dass es zwei Medien nicht möglich gewesen sein sollte, einen Verstorbenen zu erreichen. So etwas hatte ich bisher zum Glück noch nie erlebt. In aller Regel klappt es mit der gewünschten Person. Garantieren können wir es als Medium allerdings nicht. Es ist so, wie wenn man jemand telefonisch erreichen will. Wir rufen an und es klingelt. Das Klingeln wird wohl am anderen Ende, in diesem Fall in der Geistigen Welt, wahrgenommen. Wie auf einem Handybildschirm erscheint auch der Name des Anrufenden; dennoch kann es sein, dass der oder die Betroffene nicht abnimmt. In so einem seltenen Fall kommt dann fast immer jemand anderer aus der Familie, um mit meinen Klienten zu reden.

Der kürzlich verstorbene Sohn war ganz klar als erster Kontakt erwünscht. Ich sandte also die Absicht, mit ihm sprechen zu können. Nach kurzer Zeit nahm ich jemanden wahr und beschrieb einige Merkmale. Der junge Mann schien etwa vierundzwanzig Jahre alt zu sein, 1,78 m, kräftig-muskulös gebaut, hellbraunes kurzes Haar, sonnengebräunt mit einem runden Gesicht und einem verschmitzten Lachen. Helle Augen, ohne Brille und mit 3-Tage-Bart. Seine starken, rauen Hände zeigten, dass er mit ihnen draußen schwer arbeitete. Er wirkte auf mich, als würde er gerne mit Frauen flirten und machte keinen Hehl daraus, dass er sich attraktiv fand. Ich spürte auch seine innere Ungeduld. Diskutieren und lange Gespräche lagen ihm nicht, eher lautstarke, von einem grollenden Lachen und Gestikulieren begleitete Auseinandersetzungen, wenn es um Meinungsverschiedenheiten ging.

Wie er mir zeigte, fuhr er mit einem kleinen schwarzen Auto zur Arbeit in ein großes Industriegebiet mit Bürohäusern, Containern und Lagerhallen. Da waren auch Schienen, Züge und eine Barriere. Er fuhr also in ein abgeschlossenes Gebiet. Bei der Arbeit trug er blaue Arbeitskleidung aus grobem Stoff, kräftiges Schuhwerk und Handschuhe. Er zeigte sich mir mit Zügen, Waggons und beim Rangieren von Zugkompositionen. Die Arbeit schien ihm Spaß gemacht zu haben. Mit seinen Kollegen verstand er sich gut. Es herrschte ein flotter, manchmal lauter und rauer Umgangston. Immer wieder zeigte er mir die Zigaretten – also offenbar konnte man da rauchen, und er genoss es zu rauchen.

Als ich ihn nach seiner Todesursachte fragte, zeigte er mir, wie er einen Güterwaggon an einen Zug anhängen wollte. Der Waggon rollte langsam wie eine Schnecke auf die Zugkomposition zu. Der Mann bückte sich, angelte sich einen schweren Haken und legte diesen in die Lasche am anderen Waggon. Als er aufstand, befand er sich zwischen den «Puffern» der zwei Waggons. Der Zug machte plötzlich eine kleine, ruckartige Bewegung auf ihn zu, so dass sein Brustkorb eingeklemmt war. Der Waggon bewegte sich immer noch langsam weiter und zerquetschte den Brustkorb. Der Junge meinte, er könne sich an keine Schmerzen erinnern. Es sei aber ganz klar seine eigene Unachtsamkeit und Leichtsinnigkeit gewesen, die ihn das Leben gekostet habe.

Es fiel ihm nun noch ein weiteres Detail ein. Er hatte bereits mit dem Funkgerät ein Zeichen gegeben, dass alles eingehängt sei und er nun weggehen würde. Erst danach fiel ihm ein, noch den Strom anzuschließen, und das erwies sich als schwierig, weil die Steckdose etwas gequetscht war. Eigentlich darf er den Funkspruch erst abgeben, wenn er mit allem fertig ist und neben dem Wagen steht, außerhalb der Gefahrenzone. Aber weil er überzeugt war, viel schneller zu sein als alle anderen, hatte er die Vorsichtsmaßnahme vergessen.

Mutter und Schwester waren froh, dass ich das alles so genau beschreiben konnte. Die Bahn hätte zwar im Prinzip Ähnliches gesagt, nur nicht so detailliert. Nun wüssten sie, dass er wirklich in der Geistigen Welt lebte. Der junge Mann hat dann noch einiges von sich erzählt und seiner Mutter gedankt, dass sie ihn immer so gut versorgt habe und so geduldig mit seiner Unordnung gewesen sei. Er würde sie immer begleiten und auch am Lebensende abholen.

Er erzählte, wie er von seinen Großeltern und einem Schulkameraden, der schon als Junge gestorben war, abgeholt wurde. Es fehle ihm an nichts. Er machte noch den Witz, dass er jetzt total ordentlich sei und keine dreckigen Socken mehr herumfliegen würden. Zu seiner Schwester sagte er, er wisse, dass sie einen neuen Freund habe, den er auch kannte, und gab ihr den Rat, dass sie sich bei ihm durchsetzen solle, denn er sei ein Schlawiner, und sie müsse ein Auge auf ihn haben. Doch er sei froh, dass sie einen so lieben Mann als Freund habe.

Mutter und Tochter kamen dann noch ein weiteres Mal zu mir, weil sie viele weitere Fragen hatten. Der junge Mann war sofort wieder da, und diesmal gab er noch einige weitere Informationen über sich. Je mehr Information und je detaillierter die Botschaften, desto sicherer können sich der Klient und das Medium sein, dass der Kontakt „echt" ist. Ich verstehe das als Qualitätssicherung.

Viele Wochen später hatte ich einen Termin mit einem Mann, der schon bei der Begrüßung ziemlich unfreundlich und abweisend wirkte. Ich bot ihm etwas zu trinken an und fragte, wie ich ihm helfen könne. Er antwortete recht unwirsch, dass seine Frau und Tochter ihn gewissermaßen gezwungen hätten, zu mir zu kommen. Er erwähnte kurz einige Details, die offensichtlich den jungen Mann betrafen, der den tragischen Unfall hatte. Ich hatte es also mit dessen Vater zu tun.

Ich schickte wieder die Absicht in die Geistige Welt, dass der Sohn dieses Mannes erscheinen möge. Nach kurzer ähnlicher Beschreibung wie schon bei Mutter und Tochter nickte der Vater. Der junge Mann schilderte nochmals einige Details seines Todes. Er sprach auch über sein eigenes Begräbnis. Es seien zweihundert Personen gekommen. Die Feier fand in einem modernen, hellen, mit Beton gebauten sakralen Gebäude statt, etwas außerhalb einer mittelgroßen Stadt. Nebenan stand eine Kirche, gegenüber lagen Fußballfelder, ein kleiner Fluss schlängelte sich durch die Landschaft, nicht weit war ein Autobahnzubringer zu sehen, aber keine Straßenbahn. Hier verkehrten nur Busse. Der junge Mann vermittelte mir, dass seine Lieblingsmusik gespielt wurde. Ich konnte zwar die Musik nicht erkennen, aber es klang nach halbwegs melodiösem Heavy Metal. Der Vater nickte. Er hatte, wie mir der Sohn mitteilte, einige Worte von einem Rednerpult aus gesprochen und alle Anwesenden gebeten, beim Hinausgehen das Bild neben der Urne zu beachten und dem Verstorbenen Gutes zu wünschen.

Der junge Mann gab seinem Vater zu verstehen, dass er bei ihm sei. Er wisse von seiner Freundin, mit der er zusammenlebe, erzählte von einem Ausflug, den der Vater mit dieser Freundin in ein Museum machte. Er gab ihm dann noch einige Tipps, wie man richtig lebt, so wie das junge Männer gerne bei ihren Vätern tun, aber diesmal halt aus einer ganz anderen Perspektive.

Der Vater war sichtlich berührt, blieb aber eher mürrisch und misstrauisch. Immerhin räumte er zum Abschied ein, dass ja vielleicht doch etwas dran sei an der Medialität. Ich habe ihn nie mehr gesehen.

Auftritt mit Pascal Voggenhuber

(aus einer öffentlichen Demonstration vor etwa fünfhundert Menschen in Taufkirchen bei München)

Ich werde keine Schaufel holen und auf den Friedhof gehen, denn die Verstorbenen, die ich kontaktiere, sind hier anwesend. Was ich mir von euch wünsche, ist eure ganze Aufmerksamkeit.

Ich spreche gut Hochdeutsch, doch ich bin Schweizer, Deutsch ist nicht meine Muttersprache. Es kann also sein, dass manche Begriffe von euch anders verstanden werden, als ich sie meine.

Ich komme bei den Jenseitskontakten (manchmal) auf euch zu und gebe Beschreibungen von einer Person. Von euch brauche ich dann ein knappes „Ja, könnte passen" oder „Nein". So finden wir gemeinsam heraus, um welchen Kontakt es sich handelt.

Ich gebe einige Informationen wie Größe, Verwandtschaftsgrad, Kleidung, männlich oder weiblich, ungefähres Alter, Beruf, Wohnsituation, auch Charakter – das ist meine Spezialität – ob es eine redselige oder eher verschlossene Person ist.

Ich schaue nun also herum und nehme Kontakt zu Verstorbenen auf, die mir freundlich zuwinken (symbolisch gesprochen); denn an so einem schönen Tag wie heute möchte ich die Atmosphäre möglichst freundlich und heiter lassen.

Nun nehme ich viele Verstorbene wahr und schaue weiter herum. Ich sehe da jemanden, der ganz stark winkt und meine Aufmerksamkeit möchte, und zwar bei den beiden Damen in der sechsten Reihe, graue Haare, dunkler Kittel und rechts daneben mit rotem Hemd. Darf ich mit euch arbeiten? Okay. Wie ist der Name von der Dame mit dem Kittel? Julia. Gut. Ich sehe bei dir eine Dame, die dir ähnlich sieht. Sie hat eine ähnlich freundliche Art. Ist das deine Mama? Ja. Sie hat ein ausgeglichenes Wesen. Eine offene Frau, die auf andere Menschen zugegangen ist. Gegen Ende waren die Schmerzen in der Hüfte und in den Beinen aber so stark, dass sie manchmal doch ihre Geduld verlor. Sie konnte sich durchaus auch abgrenzen und durchsetzen.

Sie fühlt sich nicht wohl vor vielen Leuten, und ihr ist es auch etwas unangenehm, dass ich dich hier so öffentlich präsentiere. Du bist auch eher schüchtern, oder? Okay, also Scheinwerfer voll auf – wie war doch dein Name? (Gelächter im Publikum) Nein, Scherz beiseite. Deine Mutter zwickt mich gerade, ich solle solche Witze unterlassen. Sie hat dich lieb und beschützt dich. Gut.

Sie sagt mir gerade, die finanzielle Situation zu Hause war gerade so ausreichend. Ich sehe sie mit dem Portemonnaie. Sie weiß genau, wie viele Münzen da drin sind. Hier das Geld und da die Quittungen, eine ordentliche und sparsame Frau. Sie konnte aus wenig viel machen. So gab es meist gut zu essen. Der Wochenrückblick war lecker.

Deine Mama hat in einem Vorort gewohnt, nicht so viele Häuser. Sie hat dort lange gelebt, kannte viele Leute. Sie konnte zu Fuß einkaufen gehen. Das hat sie geschätzt und versucht, dies zu machen solange sie konnte. Sie wollte kein Pflegefall sein. Kannst du das auch verstehen? Okay. Sie sagt mir, dass ihr euch bis zum Schluss intensiv ausgetauscht und miteinander geredet habt. Sie sei noch weicher geworden, und du hast neue Seiten an ihr kennengelernt.

Ich nehme auch wahr, dass deine Mutter gläubig war, keine Kirchgängerin, aber im Herzen. Das Kreuz hatte für sie eine tiefe Bedeutung. Sie hat Nächstenliebe gelebt. Schwierig war für sie das Lügen. Sie musste immer ehrlich sein, und das war manchmal richtig mühsam. Sie hat gelegentlich angeeckt, das war aber in Ordnung für sie. Sie hat gelernt, sich durchzusetzen. Kannst du das auch verstehen? Okay.

Sie sagt, du bist wie sie: Freundlich, aber dich zieht man auch nicht über den Tisch. Sie will dir hier keine Ratschläge geben, wie du dein Leben führen solltest. Sie möchte nur bestätigen, dass deine Wahrnehmungen von ihr richtig sind. Wenn du mit ihr sprichst, bist du dir manchmal nicht ganz sicher, ob du dir nicht alles nur einbildest. Nein, sagt sie, es stimmt wirklich.

Danke, dass du mit mir gearbeitet hast.

(Applaus)

Ich habe nun einen besonderen Gast. Pascal Voggenhuber, einer meiner besten Schüler. Wir werden heute Abend einen sogenannten Double-Link – also eine Doppelverbindung – versuchen.

(Publikum klatscht)

Pascal: Es ist nicht so einfach für mich, neben meinem Lehrer aufzutreten. Wir haben das auch noch nie zuvor gemacht.

Andy: Wir gehen diesmal etwas weiter nach hinten. Ich sehe da eine Frau mit langen blonden Haaren, einer Brille, dunkle Bluse, rechts davon eine Dame mit Jeans, links davon eine mit Brille, bitte winken, siehst du mich, ja, genau. Heb mal die Hand hoch. Oder besser noch, steh auf. Danke. (Applaus)

Den Scheinwerfer bitte etwas herunterfahren. Wie heißt du? Sandra. Bitte die Damen und Herren ringsum von Sandra auch gut achtgeben, es ist am Anfang nicht immer 100% klar, zu wem der Jenseitskontakt gehört. Liebe Sandra, deine Eltern leben noch? Nein? Die Mutter ist gestorben? Oh, schon mit Mitte sechzig? Da stimmt dann etwas nicht. Ich habe hier eine Frau über achtzig. Sie hatte graues, kurzes Haar und ist an einer Art Herzattacke gestorben. Für wen würde das stimmen? Aha, die Frau rechts von Sandra meldet sich. Es ist nicht die Mutter, sondern die Oma? Okay. Dein Name? Andrea. Du hattest eine enge Beziehung zu deiner Oma? Gut.

Diese Frau hatte ein sehr schweres Leben, hat im Krieg enorm gelitten. Sie hatte trotzdem immer ein Lächeln im Gesicht. Sie wusste, das Leben geht nach dem Tod weiter. Sie war medial, eine Art Hexe – kannst du das verstehen? Sie hat viel und hart gearbeitet, auch mit Mitarbeitern, auf einer Art Hof oder Lager, sie war allerdings nicht der Chef. Wie? Sie hat als Maurer gearbeitet? Nun, die Informationen sollen eigentlich von mir kommen. Aber macht auch nichts, wenn ich einmal überrascht werde.

Jedenfalls wusste diese Frau anzupacken, hat nicht viel Firlefanz gemacht und zugleich immer auch die Zeit gefunden zuzuhören. Eine tolle Frau. Eine von denen, die Deutschland nach dem Krieg wieder aufgebaut haben. Nach dem Motto: Ich frag nicht viel rum, ich pack es an. Sie war für andere da. Eine tolle Oma.

Pascal: Wir haben anfangs beide eher deine Mutter gesehen. Es muss eine enge Beziehung gewesen sein. Kannst du das nachvollziehen? Gut. Das mit dem Maurerberuf hat mich überrascht. Ich sehe die Umgebung deiner Oma eher mit viel Grün, ein Bauernhof in ländlicher Umgebung. Kann das sein? Aha, in Österreich. Sie zeigt mir, wo sie sich wirklich zu Hause gefühlt hat.

Deine Großmutter muss sehr effizient gewesen sein. Ich sehe da ein Huhn vorbeilaufen, Federn wirbeln, Kopf weg, und da war dann sofort etwas zu essen da. Die hat dreimal schneller gekocht als die Menschen heute mit dem Schnellkochtopf.

Sie zeigt mir immer wieder ein Baby. Ich bin nicht sicher, ob es auf den frühen Tod eines Kindes oder eine Fehlgeburt in eurer Familie hinweist. Oder bist du schwanger? (Lachen im Publikum) Nein. Okay. Du weißt davon nichts? Frage einmal in der Familie nach, ob ein Baby gestorben ist.

Sie drängt mich: Mach mal, mach mal. Ich spüre Ungeduld und einen Drang zu reden. Sie vermittelt fließend Informationen, was für mich als Medium natürlich gut ist. Kannst du verstehen, dass sie gerne und viel geredet hat? Okay. Auch dass sie ihre Zähne zum Ende hin nachts ins Glas getan hat?

Andy: Dieser Frau war es egal, wie sie ausgesehen hat. Sie hatte einfach ein Riesenherz, so groß wie dieser Saal. Sie möchte dir aus diesem Herzen heraus etwas Wichtiges geben. Du hattest eine schwere Zeit. Sie bittet dich, dein Herz wieder mehr zu öffnen, ohne dich verletzen zu lassen. Es ist ihr ein ganz großes Anliegen, dass du weißt: Sie begleitet dich auf deinem Weg. Sie sei froh, dass deine Brieftasche nicht immer so leer ist, wie es ihre war.

Pascal: Ich empfange noch eine Nachricht. Kann es sein, dass du einen richtigen Abschied vermisst? Du solltest dir keine Vorwürfe machen, dass du dich nicht so von ihr verabschieden konntest, wie du es eigentlich wolltest. Du redest noch oft mit ihr. Es ist alles gut. Sie empfiehlt dir, noch stärker deinem Herzen zu folgen und den spirituellen Weg zu gehen. Du bist schon nah dran, traust dich aber nicht so recht. Traue dir mehr zu. Vielen Dank!

Andy: Sie macht die Arbeit, sie hilft dir. In der Generation dazwischen gibt es im spirituellen Bereich keine Unterstützung. Höre auf dich und deine Oma. Folge deinem Herzen. Danke.

(Applaus)

Pascal und ich haben einen Kontakt mit dem Vater einer etwa 50-jährigen Frau.

Pascal: Ich spüre ein Zittern am ganzen Körper, was mir bisher noch nicht passiert ist. Der Mann hat vor seinem Tod an einer Art Nervenkrankheit gelitten, stimmt das? Ja, okay. Ich frage ihn nach mehr Beweisen. Er sagt, er habe schon so oft seine Gegenwart bemerkbar gemacht. Aber das hat dir anscheinend nicht gereicht. Kannst du das nachvollziehen? Ja, gut. Er sagt, er habe zuletzt sein Bewusstsein verloren, dich aber an seiner Seite gespürt. Du sollst dir keine Schuldgefühle machen. Du denkst, du hättest die Chance verpasst, als er noch klar war. Nein, höre auf damit. Er sagt: Ich habe gespürt, dass du da warst. Er berührt mich immer wieder am Arm und will mir damit zeigen, dass er auch dich so berührt. Kannst du das spüren?

(Nach einer längeren Pause kommt ein deutliches „Ja!")
Ah, du bist so lieb!

Andy: Dein Papa tröstet dich immer wieder, wenn du weinst. Du weinst mehr, als du zugibst. Kannst du das auch verstehen? Er möchte, dass du ihn verabschiedest, nicht mehr um ihn trauerst. Dass du seinen Körper loslässt und mit seinem Geist Kontakt aufnimmst. Du hältst dich unnötig zurück. Er ist nicht zufrieden, dass du da nicht weitergehst. Das ist ja nicht erst gestern passiert. Er ist hier in seiner erzieherischen Rolle. Du weißt, dass er da ist. Er sitzt ja genau hier auf dem leeren Stuhl. Er möchte, dass du Hand in Hand mit ihm durch dein Leben gehst und all die Sachen nachholst, die du vernachlässigt hast. Vor allem auf emotionaler Ebene. Dass du mit den Menschen deinen Frieden machst, die du vielleicht nicht so freundlich behandelt hast. Sei es aus Schmerz oder Unwissenheit. Er wünscht sich, dass du erwachsen wirst und das volle Leben einer Frau lebst. Dass du es nicht durch deine Trauer einschränkst. Dein Vater war ein freundlicher Mann und hat zugleich das Leben angepackt. Er hat es dir bereits ans Herz gelegt, bevor er ging, dass du nach vorne blickst. Kannst du das verstehen? Dein Papa wird dich abholen in achtzig Jahren oder was weiß ich, vielleicht in zweihundert Jahren, bei dem medizinischen Fortschritt heute. Er möchte, dass du dein Leben lebst. Jetzt. Er schickt dir ganz viel Kraft.

Danke (Applaus)

Angeleitete Meditation: Mit einem Geistführer Kontakt aufnehmen

Setz Dich gemütlich hin, möglichst mit geradem Rücken, so dass es Dir bequem ist.
Beobachte einen Moment Deine Gedanken und Emotionen.
Lass diese langsam vorbeiziehen wie die Wolken am Himmel.
Gehe mit deiner Aufmerksamkeit hin zum Atem und beobachte, wie sich die Bauchdecke hebt und senkt.
Verwurzle Dich, indem du Dir vorstellst, Du hättest tiefe Wurzeln in die Erde.
Stell Dir nun vor, du stehst vor einer großen Pyramide.
Geh in die Pyramide und schau Dir den großen Empfangssaal an.
Im hinteren Bereich geht eine Treppe nach unten.
Folge dieser Treppe ganz langsam Tritt für Tritt.
Tritt für Tritt.
Tritt für Tritt.
Tritt für Tritt.
Unten angekommen, gibt es einen schönen Raum mit einer Sitzgelegenheit.
Setz Dich hin.
Sei nun achtsam, ob jemand kommt oder schon jemand da sitzt.
Lasse dir Zeit.
Verbringe nun zehn ruhige Minuten hier mit dieser Person.
Es ist nicht so wichtig, ob und wen du wahrnimmst.
Erlaube dir zu verweilen.
Vielleicht nimmt Dich Deine Geistige Führung mit auf eine Reise oder zeigt Dir etwas, oder vielleicht sitzt ihr einfach nur zusammen und verbringt so Zeit miteinander.

Bedanke und verabschiede Dich von Deiner geistigen Führung.
Steh nun auf und geh langsam die Treppe wieder hoch.

Tritt für Tritt.
Tritt für Tritt.
Langsam wird Dein Atem wieder tiefer.
Du kommst oben an in der großen Eingangshalle.
Schaust dich noch einmal um.
Nun verlässt Du die Pyramide.
Deine Finger und Zehen bewegen sich wieder.
Nimm einige tiefe Atemzüge und komme dann wieder langsam zurück ins Hier und Jetzt.

Teil 3
Slow Down

Was uns die Geistige Welt mitteilen möchte, ist ein einfacher Rat. Er kann in wenige Worte gefasst werden: Liebe statt Gier. Sei im Moment. Oder auch, wie Bobby Mc Ferrin singt: „Don't worry, be happy." Sorge dich nicht, sei glücklich. Das bekannte Lied basiert auf einem Zitat des indischen Weisen Meher Baba.

Diese kurzen Ratschläge sagen im Grunde alle dasselbe. Wir Menschen hier auf der Erde sind ständig getrieben von Angst und Gier; und das hat offensichtlich mit dem Körper zu tun. Ohne diesen vergänglichen Körper bräuchten wir uns nicht zu fürchten und müssten auch nicht dauernd versuchen, Besitz und Sicherheit anzuhäufen. Die starke Verbindung von Ego und Verstand baut darauf auf, dass ich glaube, der Körper zu sein. Und jeder andere tut das auch. Daraus entsteht eine fürchterliche Rastlosigkeit. Immer mehr, immer weiter und höher!

In der Geistigen Welt gibt es keinen Grund mehr für diese Rastlosigkeit. Man muss nicht mehr gegeneinander kämpfen, sich nicht verteidigen, es gibt nichts mehr zu verlieren. Könnten wir nicht davon lernen?

Das ist im Grunde die Botschaft aller spirituellen Lehrer. Sei dir dessen bewusst, dass du in Wahrheit weder dein Körper noch deine Gedanken bist. Es ist ein langer Weg bis zur Befreiung aus allen Anhaftungen, doch jeder einzelne Schritt bedeutet zugleich ein Stück mehr Glück, Liebe und Freiheit.

7 Vorlieben und Abneigungen

Jeder Organismus hat eine eingebaute Schaltung, ein Programm, das dem Schutz und Überleben dient. Es ist gekoppelt an Aufnehmen von Nahrung und Energie, Abstoßen, Abwehren von schädlichen Einflüssen. Je höher entwickelt ein Wesen, desto komplexer wird diese Zweiteilung. Mögen und nicht mögen, hassen und lieben, gut und schlecht, richtig und falsch – das sind Gegensatzpaare, die sich durch unser ganzes Leben ziehen. Sich völlig von ihnen zu lösen und jenseits von Gut und Böse zu sein, ist hier nicht das Thema. Dafür steht auch die Geistige Welt nicht. Doch eine gewisse Achtsamkeit in diesen Punkten ist jedem möglich. Schon ein Kind lernt, dass die Konsequenzen unangenehm sind, wenn es zu viel Eiscreme isst.

Stimmig oder richtig?

Etliche Leute, die ich kenne, verwenden den Begriff „stimmig" für eine innere Haltung und Ausrichtung auf dem spirituellen Weg. Doch was sie für sich als stimmig bezeichnen, ist nicht immer richtig. In Wahrheit folgen sie ihren Vorlieben und bewegen sich automatisch in eine persönliche Komfortzone hinein. Alles Unangenehme und Unbequeme wird dabei möglichst umgangen. Gleicht das nicht dem kleinen trotzigen Jungen, der seine Zähne nicht putzen will und – würde er damit durchkommen – später sehr wahrscheinlich etliche Probleme mit seinen Zähnen hätte? Dann hätten wohl alle 25-Jährigen Gebisse.

Die neue Wohnung ist stimmig, aber wenn der Nachbar nach einem Jahr nervt, ist sie es nicht mehr. Dasselbe gilt für den Job oder den Partner. Je mehr man nur nach den Vorlieben und Abneigungen geht – was man als „stimmig" bezeichnet – desto weniger akzeptiert man, was das Leben tatsächlich bietet. Es ist zunächst durchaus gut, herauszufinden, was sich für mich gut anfühlt und stimmig ist. Doch nach einiger Zeit wird es wichtig zu erkennen, was für mich richtig ist.

Es ist richtig, die Wohnung zu putzen, aber nicht so stimmig. Wenn ich meine Eltern akzeptiere und bei einem Streit den ersten Schritt zur Versöhnung tue, kostet das meist Überwindung. Es fühlt sich vielleicht nicht „stimmig" an, ist aber richtig.

Prägungen erkennen

Meine Prägungen habe ich nicht selber ausgewählt. Sie sind teilweise mit der Erziehung entstanden.

Wenn ich in der Eisdiele stets Nuss und Schokolade aussuche, ist das vielleicht nicht meine Wahl, sondern eine Prägung, ein Muster. Diese Vorliebe wurde mir durch meine Vergangenheit gleichsam „eingestempelt". Das gilt für alles andere im Leben ebenso: Partner, Beruf, Reiseziel oder Kleidung.

Was sich für mich stimmig, gut und angenehm anfühlt, ist eine Frage der Prägung. „Richtig" liegt auf einer anderen Ebene. Ich horche in mich hinein und achte auf meine Intuition. Die ist wie ein Kompass. Er weist in eine bestimmte Richtung. Auch hier gilt es, sich zu fragen: Ist das wirklich meine Intuition? Oder ist es die Interpretation meiner Intuition, die wiederum von meinen Prägungen gefärbt ist?

Immer wieder in sich hineinzuschauen und zu fragen: Folge ich hier wieder blind irgendeinem Bedürfnis oder ist es etwas, was mich wirklich weiterbringt und richtig ist? Sehr oft trifft man seine Entscheidung aus einem Mangel und weil man unzufrieden ist. Man sucht einen neuen Partner, einen anderen Job, eine bessere Wohnung, um einen inneren Mangel zu überdecken – und das fühlt sich stimmig an. So leben die meisten Menschen. Doch schon nach einer kurzen Weile muss es wieder einen Wechsel geben, damit die Stimmung gut bleibt. Richtig wäre, dieses Gefühl von Mangel, das mich zu äußeren Veränderungen antreibt, zu hinterfragen. Dazu ist Innehalten nötig. Das unangenehm Drängende auszuhalten und tiefer zu forschen: Wo kommt diese Unruhe, dieses Empfinden von Ungenügen her?

Sich beraten lassen

Es besteht jederzeit die Möglichkeit, bei Entscheidungsproblemen die Geistige Welt um Rat und Hilfe zu bitten. Doch wie bei der Intuition, kommt es darauf an, die Antwort so zu vernehmen, wie sie ist, ohne sie gleich wieder mit den eigenen, von Wünschen und Abneigungen diktierten Interpretationen zu überdecken und zu verzerren. Meine Empfehlung ist hier, einen inneren Raum der Stille für die Antwort vom Geistführer zu schaffen und in Ruhe abzuwarten, was die Antwort mit mir macht. Ist da ein deutliches Ja von meiner Seite oder eher ein Widerstand? Vielleicht Überraschung oder gar Verwirrung?

Ein Mann kam zu mir, weil er sich zunehmend unwohl an seinem Arbeitsplatz fühlte. Er konnte nicht sagen warum. Wir sind die verschiedenen Möglichkeiten durchgegangen. Ist die Arbeit unbefriedigend? Stimmt das Gehalt nicht? Nein.

Bald stellte sich heraus, dass er einen Kollegen nicht mochte, weil der ihn an einen anderen erinnerte, der ihn immer ausgelacht und erniedrigt hatte. Es war also gar kein aktueller Anlass vorhanden.

Mit systemischer Arbeit konnte der Kunde den früheren störenden Kollegen gleichsam aus der Erinnerung streichen, und bald darauf fühlte er sich wieder gut an seinem Arbeitsplatz.

Auch hier wäre es für manch einen wohl stimmig, einen neuen Arbeitsplatz zu suchen, statt das Richtige zu tun, nämlich erst einmal dem Problem auf den Grund zu gehen. Doch dafür mangelt es oft an der richtigen Methode des Fragens, am „Gewusst wie". Da kann ein Medium oder ein Sensitiver hilfreich sein. Ich bin da nicht etwa schlauer als andere, doch ich kann als Sensitiver gewisse Zusammenhänge aufspüren, die überdeckt sind. Man ist sich selbst gegenüber gewissermaßen „betriebsblind", kann manche Eigenschaften nicht so gut einschätzen wie etwa ein Medium oder ein Berater, der keine eigenen Interessen über die Sache legt.

Das ist ein wichtiger Teil meiner Arbeit: Den Menschen auch in der spirituellen Entwicklung aufzuzeigen, wo ihre Blockaden liegen und wo sie sich selbst im Weg stehen. Das ist oft nicht dort, wo es die Klienten vermuten. Uns fehlt in gewisser Weise ein weiser Lehrer, ein Guru, wie er in Indien immer noch überall üblich ist. Das ist ein Weiser, in aller Regel ein Erleuchteter, zu dem die Leute Vertrauen haben und der ihnen in allen möglichen alltäglichen oder auch spirituellen Fragen weiterhilft. Früher war hierzulande der Vater, Lehrer oder Pfarrer der Ansprechpartner. Heute ist es oft der Therapeut, zumindest in heiklen Fällen. Doch wir brauchen auch in unserer ganz gewöhnlichen Routine, wo wir gar nicht merken, wie wir uns im Kreis bewegen, immer wieder einen guten Anstoß in die richtige Richtung.

Inspiration

Ganz vielen Menschen ist klar, dass sie irgendwie geführt werden und Hilfe aus einer unsichtbaren Dimension erhalten. Das ist meist nichts Spektakuläres. Es geschieht im alltäglichen Leben fast unbemerkt. Wärest du in der Geistigen Welt und hättest Kinder, dann würdest du mitbekommen, wie es ihnen gerade geht. Haben sie Streit mit jemandem? Sind sie in einer schwierigen Situation? Du kannst in Gedankengeschwindigkeit reisen und bist dann bei ihnen. Es liegt auf der Hand, dass du tröstende oder unterstützende Gedanken und Energien schicken wirst. Das ist die Basis für die Hilfe aus der Geistigen Welt. Die Hilfe kann ins Detail gehen. Bei schlechten Noten ist das Kind verzweifelt, mag sich niemandem anvertrauen und erhält von innen eine Unterstützung. Es könnte sogar die Stimme der verstorbenen Oma sein, die sagt: „Das ist doch nicht so schlimm. Das kann jedem passieren. Beim nächsten Mal wird es besser!"

Zu den klassischen Varianten des Kontaktes mit der Geistigen Welt gehört auch das inspirierte oder mediale Schreiben. Briefe oder Bücher werden durch ein Medium geschrieben. Mein Ansatz dabei ist bodenständig. Ich weiß, wer durch mich spricht. Es gibt aber in der Channeling-Szene manchmal eine eher laxe Einstellung, wo meiner Meinung nach das Quality-Management sträflich vernachlässigt wird. Ich halte es für unverantwortlich, Botschaften zu veröffentlichen, deren Quelle unbekannt ist oder deren Absender sich nicht zu erkennen gibt und nicht überprüfbar ist.

Es ist auch möglich, dass berühmte Komponisten und Musiker durch Medien arbeiten. Meine frühere Ehefrau, mit der ich die Ausbildung zum Medium in England absolvierte, ist ausgebildete Pianistin. Manchmal spielte sie für die anwesenden Experten deutlich hörbar im Stil von Franz Liszt. Es herrschte Übereinstimmung, dass sich Liszt, der bereits zu Lebzeiten für Spiritualität offen war, in diesem Fall mit neuen Kompositionen offenbarte. Oft helfen Künstler oder auch Wissenschaftler, Mediziner, Erfinder aus der Geistigen Welt ihren lebenden Kollegen.

In meinem ersten Buch habe ich den Fall eines Arztes beschrieben, der sich in der Geistigen Welt zu einer Kapazität weiterbildete und mit seinem Wissen und Können in der medizinischen Forschung auf der Erde einbrachte.

Entwicklung in der Kommunikationstechnologie

Es ist interessant zu bemerken, dass der moderne Spiritualismus zeitgleich mit der industriellen Revolution Mitte des 19. Jahrhunderts begann. Seitdem hat sich die Kommunikation auf allen Ebenen immer schneller entwickelt, über Telegrafie, Telefon, Funk und Internet bis heute, wo wir auf der ganzen Erde vernetzt und im Bruchteil einer Sekunde verbunden sind. Zugleich ist die Kommunikation mit der Geistigen Welt immer deutlicher und einfacher geworden. Ich kann nicht beweisen, dass es da einen Zusammenhang gibt, doch ich finde es bemerkenswert. Es könnte bedeuten, dass die physische und die Geistige Welt sich zunehmend überlappen und ineinander „greifen“, sich schwingungsmäßig verbinden.

Als ich Anfang der 90er Jahre in der IT-Branche tätig war, hatte ich auch mit sogenannten „Case Tools“ zu tun – ein Werkzeug, das wichtig für das Programmieren ist. Dabei werden grafisch Tausende von Punkten so miteinander verbunden, dass die Architektur eines Computerprogramms übersichtlich dargestellt wird. Es kam dabei nicht so sehr auf den technischen, sondern vielmehr auf den ästhetischen Aspekt an, wie schön die Darstellung war. Diese Arbeit lag mir. Mein damaliger Professor meinte, es seien in der Regel Frauen, die aufgrund ihrer Intuition die schöneren Schemata in den Case Tools erzeugen.

Als Medium und Projektleiter habe ich mir das zu Herzen genommen. Ich stellte mir die Projekte als wunderbare Gewächse und organische Gebilde vor. In meinem Studium geriet ich manchmal fast in Ekstase, wenn sich mir die mathematischen Formeln in ihrer Schönheit offenbarten. Für mich zeigen sich die Zusammenhänge meist in einem wunderschönen Bild oder in einer schematischen Darstellung – Formeln fühlten sich wie lebende Energie an.

Wenn du als Wissenschaftler die Konzentrationsfähigkeit entwickelst, dass du eins werden kannst mit dem Gegenstand deiner Forschung, dann ist das wie Meditation. Wenn man dann eins wird mit dem Objekt der Meditation, wie einem bestimmten Thema der Wissenschaft oder etwas anderem, wird es ein Leichtes, alle Aspekte dieses Themas, dieses Objektes der Meditation zu spüren und zu erkennen. Gleichzeitig kann in dieser Offenheit des Bewusstseins die Geistige Welt Lücken des Wissens füllen. Es ist so, als würde es „Klick" machen, und auf einmal ist das Wissen oder die Lösung eines Problems da. Ich bin überzeugt, dass der rasante Fortschritt in der Kommunikationstechnologie auch auf den Einfluss der Geistigen Welt zurückzuführen ist. Beides scheint Hand in Hand zu gehen. Das Bewusstsein, dass unendliche, uneingeschränkte und sofortige Verbindungen möglich sind, führt dazu, dass mehr und mehr Menschen auch die eigenen Blockaden und Beschränkungen innerlich auflösen. Es wird immer mehr möglich, was vorher undenkbar schien. So verändert die äußere Welt auch die innere Welt jedes Einzelnen.

Ich kann mir auch gut vorstellen, dass engagierte Politiker wie der ehemalige Außenpolitiker Hans-Dietrich Genscher oder Bundeskanzler Helmut Schmidt bei wichtigen Konferenzen anwesend sind. Zumindest können sie sich in der Geistigen Welt untereinander austauschen.

Die Geistige Welt möchte auf allen Ebenen helfen – und die der Inspiration ist besonders wichtig. Je besser es den Menschen und der Erde geht, desto leichter ist die spirituelle Entwicklung, desto leichter ist es, in der Präsenz zu sein. In den kommenden Jahrzehnten warten Umwälzungen auf uns, die es so noch nie gab.

Zukünftige Freizeit

Die Arbeit von ganz vielen Menschen wird sich komplett verändern, weil die meisten Aufgaben immer mehr automatisiert werden. Das bedingungslose Grundeinkommen wird sich hier hoffentlich in Westeuropa und in der Welt durchsetzen, wenn es nicht zu großen erzwungenen Verschiebungen kommen soll. Der Selbstwert wird nicht mehr so sehr an Arbeit gebunden sein wie früher. Für meinen Vater war und ist ein Leben ohne Arbeit geradezu unvorstellbar. Er hat mit fünfzehn Jahren angefangen zu arbeiten und hat bis zur Pensionierung durchgearbeitet. Doch die jüngeren Generationen steuern auf die Freizeitgesellschaft zu und können damit umgehen. Die Menschen werden viel mehr Zeit haben für sich und andere. Sie können sich Dingen wie Yoga, Meditation und Selbsterforschung widmen und innerlich zur Ruhe kommen. Dementsprechend wird die Geistige Welt eine größere Rolle spielen und im allgemeinen Bewusstsein stärker präsent sein. Der Trend dahin ist deutlich. Immer mehr Menschen können sich heute bereits vorstellen, dass es eine Geistige Welt gibt. Sollte sich in künftigen Jahren ein beträchtlicher Teil der Bevölkerung auf die Geistige Welt einlassen, dann wird sie viel deutlicher in Erscheinung treten als heute.

8 Das „Ende der Jagd",

Merkmale der Geistigen Welt

Ohne Körper sein

Die Wesen in der Geistigen Welt haben keinen physischen Körper. Damit fällt vieles weg, was für uns auf der Erde selbstverständlich ist, zum Beispiel Hunger, Durst, Essen und Trinken, Verdauung, der Gang auf die Toilette, Müdigkeit, Schlaf und Sex.

Allerdings bedeutet ohne physischen Körper zu sein nicht, dass es kein Körpergefühl mehr gäbe; denn man hat noch einen astralen Leib. Es ist vergleichbar mit unserer Traumerfahrung. Wenn ich von einem Traum erzähle: „Ich rannte so schnell ich konnte, und dann war ich plötzlich hoch über den Wolken", ist da ja von einem Körper und einem Gefühl des Laufens die Rede. Und im nächsten Moment bin ich ganz woanders. Ich schwebe – vielleicht körperlos – am Himmel. Selbst wenn ich von Essen, Trinken, Schlafen und Sex träume oder ermordet werde – es *erscheint* nur wirklich. Da ist stets untergründig ein Wissen: Es ist nicht wirklich. In der Geistigen Welt gibt es wie auf der Erde den Unterschied zwischen Realität und Vorstellung. Ein Geist kann sich völlig in seine eigene Welt zurückziehen und gleichsam unansprechbar sein; oder er kann sich aufgeschlossen für alles zeigen und rege mit anderen kommunizieren.

Die Zeit hat in der Geistigen Welt eine andere Qualität und Bedeutung. Allein schon dadurch, dass niemand altert. Da ist kein physischer Körper, der Zeit braucht, um von A nach B zu kommen. Aber ist nicht sogar Zeit erforderlich, um einen Gedanken in ein Wort zu kleiden und auszusprechen? Wir empfinden das als enorm schnell, und doch brauchen die meisten Menschen einen Moment, um ihre Eindrücke oder ihre Meinung zu formulieren.

Verständigung

Wer weiß schon, dass es gleichsam hinter den verschiedenen Sprachen mit all ihren Worten, für die es auf der Erde Übersetzungen braucht, eine universale Sprache in der Geistigen Welt gibt? Worte, die hier zugleich immer auch Fremdworte sind, sind in der Geistigen Welt nicht nötig. Die Gedanken werden – wenn erwünscht – direkt und ohne Abstriche ausgetauscht. Im Unterschied dazu ist die Sprache und die Kommunikation durch Worte auf der Erde häufig missverständlich und vor allem prägend. Sie bestimmt von klein auf, was und wie wir denken und fühlen.

Doch all die Muster, Konzepte, Worte, die wir als Menschen auf der Erde aufgenommen, die uns geprägt und zu ganz bestimmten Persönlichkeiten gemacht haben, sind in der Geistigen Welt nicht verschwunden.

So wie ich mich fühle, erfahre ich die Welt.

Bin ich guter Dinge, begegne ich in der Regel auch ähnlich positiv gestimmten Menschen. Bin ich wütend oder traurig, erscheinen mir auch die anderen schlecht gelaunt. Ich sehe die Welt entsprechend der emotionalen Brille, die ich trage: Rosarot oder schwarz. Mir fallen vor allem die Sachen auf, die mir liegen oder nahe sind. Als

Friseur interessieren mich die Haare, als Schneider die Kleidung, als Yoga-Lehrer bemerke ich die Körperhaltung. Jeder Mensch hat aufgrund seiner Erfahrung und Ausbildung einen bestimmten Blick entwickelt. In diesem Sinne kann man sagen, dass die Welt unser Spiegel ist. Wir sehen sie entsprechend unserer Vorstellung. Das kann jeder bereits hier auf der Erde an sich und anderen beobachten. In der Geistigen Welt gilt dieses Prinzip zu hundert Prozent.

Es wird hier auf der Erde oft von bösen Geistern gesprochen. In vielen Kulturen gibt es auch heute noch Beschwörungsrituale und Talismane zur Abwehr solcher Geister oder Dämonen. Ich glaube, diese negative Einschätzung der Geistigen Welt entsteht aus einer tiefen, beständigen Angst. Wir alle kennen Ängste, etwa in einer Gefahrensituation. Aber sie kommen und gehen, wie alle Emotionen. In einer normalen, gesunden Psyche erscheinen Ängste vor der Hölle, dem Tod oder vor bösen Geistern sicherlich immer wieder einmal, aber sie gehen auch nach kurzer Zeit. Einen Einfluss auf die Eindrücke und ihre Wirkung auf unsere Gedanken und Emotionen haben wir ohnehin nicht. Erst auf das, was wir daraus machen, haben wir einen Einfluss, und auch nur dann, wenn wir es überhaupt merken – was ja eher selten ist.

In meinem Verständnis gehören auch dunkle Seiten zum Gesamtrepertoire eines jeden Menschen – und das ist sogar gesund. Jeder hat Momente von Wut, Traurigkeit und Frust. Das verschwindet in der Geistigen Welt nicht einfach. Der Übergang von dieser zu jener Welt ist nicht gleichbedeutend mit Heiligwerdung oder Erleuchtung. Jeder bleibt anfangs die Person, die er war und ist, mit den entsprechenden Ansichten und Grundüberzeugungen.

Keine Kriege mehr

Es gibt nichts mehr, was man äußerlich zerstören, verletzen oder wegnehmen kann. Gewalttätige Handlungen wie Kriege, Raubmorde oder Vergewaltigungen sind prinzipiell ausgeschlossen. Streitereien um Landbesitz, sei es aus Habgier oder Familienstolz, werden gelegentlich noch aus der Erinnerung gespeist und flauen zunehmend ab. Sie haben keinen äußeren aktuellen Anlass mehr. Auch Missgunst, Neid oder Ehrgeiz finden keine konkrete Nahrung. Jeder kann sich frei in Gedankengeschwindigkeit bewegen. Jeder kann sich alle Informationen beschaffen und kann sich weiterbilden. Natürlich steht es auch jedem frei, sich spirituell zu entwickeln. Das ist nicht mit Konkurrenzkampf verbunden, sondern eine Herzensangelegenheit. Aber selbstverständlich kann man auch stur bei seinen Überzeugungen bleiben – zumindest für eine Weile.

Wenn man in die Geistige Welt kommt, dann ist das wie ein Aufwachen in einer freundlichen Umgebung oder Energie. Man/frau (ich) freut sich, dass der Papa oder die Mama oder gute alte Freunde da sind. Gleich zu gleich gesellt sich gern – heute wird vom *Gesetz der Resonanz* gesprochen – das gilt in der Geistigen Welt noch stärker als auf der Erde; denn es gibt ja keine physischen Barrieren mehr. Was könnte verwandte Geister daran hindern, zusammen zu sein?

Der Raum, so wie wir ihn kennen, existiert nicht mehr. Trafen sich früher miteinander vertraute Menschen „zufällig" in einem Supermarkt oder auf der Straße und konnten sich dann lebhaft austauschen, so sind sie in der Geistigen Welt unmittelbar verbunden, wann immer der Wunsch auftaucht.

Die Situation in der Geistigen Welt ist völlig transparent. Körperlich kann ich niemanden verletzen, aber auch mental ist es kaum möglich. Sowie ich einen negativen Gedanken habe oder einen aggressiven Impuls verspüre, durchschaue ich auch schon, wie unnötig und dumm so etwas ist. Es geht sehr schnell vorbei und hinterlässt keinen Schaden, höchstens ein komisches Gefühl und sicherlich ein Kopfschütteln. Was auf der Erde andauernd passiert, nämlich von Emotionen getrieben geradezu blindwütig zu reagieren, das ist in der Geistigen Welt so nicht mehr möglich. Es fehlen die physischen Mittel – wie Fäuste oder Waffen – und es fehlen die Schleier der grobstofflichen Sinne.

Man wird nicht heilig, weil man in der Geistigen Welt ist. Die Muster und Prägungen bleiben zunächst. Wer sich zu Lebzeiten voller Hass oder Angst von anderen abkapselte, hat diese Tendenz auch in der Geistigen Welt noch, bis er allmählich erkennt, dass es dafür keinen Grund mehr gibt. Süchte ziehen Verstorbene zurück in jene Bereiche, wo sich Süchtige aufhalten: Kneipen, Spielhallen oder Pornokinos.

Auch Unterschiede wie extro- und introvertiert bleiben in der Geistigen Welt bestehen. Der Extrovertierte wird wie auf der Erde ständig seine Geschichte zum Besten geben wollen und die Introvertierten kaum zu Wort kommen lassen. Das erlebe ich zumindest immer wieder bei Jenseitskontakten. Jemand möchte in Kontakt mit seinem verstorbenen Bruder treten, der als zurückhaltender, stiller Mensch bekannt war, und stattdessen drängelt sich seine resolute Mutter vor und gibt alle möglichen Kommentare und Ratschläge von sich – ganz wie zu alten Zeiten.

Deshalb erscheint es mir auch so wichtig, bereits auf der Erde seine Verhaltens- und Gedankenmuster zu beobachten und zu hinterfragen und Achtsamkeit zu praktizieren. In der Geistigen Welt ist es viel schwerer, das zu erlernen.

Sei im Moment und im Herzen!

Jetzt

Der Übertritt in die Geistige Welt ist für jeden eine Überraschung. Auch wenn wir damit gerechnet und uns Vorstellungen gemacht haben, es wird definitiv anders sein, als wir annahmen.

Somit müssen wir uns zuerst einmal zurechtfinden in der neuen Welt, in die wir hinein „geboren" werden beziehungsweise in der wir aufwachen nach unserem Tod. Ein Aufwachen in einer neuen Realität, wobei die Scheuklappen des Lebens langsam wegfallen.

Meist sind wir Menschen das ganze Leben lang auf der Jagd nach irgendetwas – Glück, Wissen, Macht, Sicherheit, Zuneigung und vieles mehr. Gelegentlich ändert sich das Objekt unserer Begierde. Doch das Jagen bleibt weiterhin der Lebensinhalt. Wir planen die Zukunft und sorgen uns. Wir schauen zurück und verharren in der Vergangenheit. Wo bleibt das Jetzt, dieser Moment? Ist die Gegenwart nicht ist das einzige, was wirklich ist?

Mit dem Tod ist diese Jagd offensichtlich erledigt. Was immer wir gesucht haben, es ist verschwunden. Kein Fitness-Training, keine Schminke, keine teuren Kleider können den Körper wieder lebendig machen. Die mühsam erworbenen oder erschwindelten Besitztümer – Immobilien, Ehrentitel, Geliebte(r) – allesamt Vergangenheit. Nichts davon kann mitgenommen werden.

Das Ankommen in der Geistigen Welt kann mit einem schmerzhaften Gefühl von Verlust verbunden sein. Für die Gebrechlichen, sozial Isolierten und Kranken ist es dagegen der ersehnte Himmel, vollkommen frei und ohne jegliche Behinderung oder Schmerz.

In jedem Fall geschieht – entweder sofort oder etwas später – das Erkennen, was im Leben wichtiger gewesen wäre als die Jagd nach immer mehr: Liebe und Hingabe. Noch ist es eher eine Ahnung von etwas, das nicht erkannt und gelebt wurde, das aber wirklich existiert.

Seit über fünfundzwanzig Jahren wird mir immer diese eine Botschaft, die Essenz aus allen Botschaften, aus der Geistigen Welt übermittelt, nämlich dass wir uns nicht so verrennen sollen mit unseren Scheuklappen, sondern erkennen mögen, dass es noch etwas anderes gibt als die Jagd mit all ihren Problemen und Herausforderungen.

Nach dem Tod werden wir genau das erkennen, jeder auf seine Art und jeder in seiner Zeit, aber es wird immer wieder zu eben jenem Schluss führen, den alle unsere Religionsgründer, Weisen und Heiligen verkünden: Der Mensch ist eine unsterbliche Seele. Jede Religion und Philosophie hat da ihre eigenen Betrachtungsweisen, Konzepte und Ansichten, welche ich in keiner Weise infrage stellen möchte. Allen gemein scheint mir aber die Aussage, dass wir alle Teil des einen göttlichen oder universellen Bewusstseins sind und uns in unserem Erdenleben mehr um diese Einsicht kümmern sollten als um die Jagd nach dem Weltlichen, dem Materiellen, dem Vergänglichen.

Keine Sorge!

Die Nachrichten aus der Geistigen Welt liefern allerdings meist keine Philosophie. Sie lauten ganz schlicht:

- Sorge dich nicht so.
- Habe Vertrauen.
- Es wird schon gut werden.
- Du machst es gut.
- Entspanne dich.
- Es gibt mich noch.
- Bitte verzeih mir.
- Ich liebe dich.
- Das Leben geht weiter.
- Wir sind für dich da.
- Ich/wir unterstützen dich.
- Du bist nicht alleine.

Alle diese Botschaften sind eine sanfte, liebevolle Einladung, den Wahn der Jagd beiseite zu lassen, innere Ruhe zu finden und so der Wahrheit, dass es nicht nur das Materielle gibt, näher zu kommen.

Die Geistige Welt wünscht jedem Menschen auf der Erde, dass er einen Moment innehält, damit er aus dem Stress heraus und in die Erkenntnis gelangen kann, dass wir in unserem Wesen perfekt sind. So können wir die übergeordnete Wahrheit erkennen und diese Erkenntnis weitergeben. Darum arbeitet die Geistige Welt so intensiv mit uns und engagiert sich dafür, dass mehr qualitativ gut arbeitende Medien ausgebildet werden. So kann das Wissen um das Leben nach dem Tod und die daraus entstehende mögliche Heilung uns helfen, die Jagd hinter uns zu lassen und die Worte der Heiligen und Religionsgründer besser zu verstehen.

Diese Wahrheiten können nicht im „Jagdmodus" verstanden werden, denn da hetzen der Geist und die Emotionen unaufhörlich umher, ohne jemals etwas zu finden, was länger bleibt als einen kurzen Moment, um dann nur zur weiteren Jagd anzutreiben.

Mit dem Tod hört die Jagd auf, da mit dem Tod alles Materielle wegfällt. Es ist nichts mehr da, was gejagt werden könnte. Ein Ankommen in einer Welt ohne Stress, ohne etwas erreichen zu müssen und zu können. Alles ist da. Es gibt erstmals nichts mehr zu erreichen. Wenn dann die Verstorbenen aus der Geistigen Welt uns Lebenden zuschauen, wird ihnen noch viel bewusster, wie sinnlos die ganze Jagd war. Nach dem Tod fällt es uns wie Schuppen von den Augen: Was für einen Stress haben wir uns gemacht, für nichts und wieder nichts! Wir sehen, wie unsere Hinterbliebenen und alle Menschen auf der Erde rastlos umherziehen, um nach etwas zu jagen, was es in Wirklichkeit gar nicht gibt.

Buddha beschrieb das Leben als „dukka". Das ist Pali und bedeutet eigentlich „unbefriedigend". Es wird meist mit „Leiden" übersetzt, was ich weniger treffend und missverständlich finde. Buddha hat uns gelehrt, dass alles Vergängliche und die Jagd danach *unbefriedigend* sind. Nichts, was vergänglich ist, kann uns bleibend befriedigen, sondern führt nur dazu, mehr oder anderes zu wollen, ohne dass ein Ende möglich oder absehbar wäre. Die Natur des Vergänglichen kann nur Vergänglichkeit sein. Was ist unvergänglich? Das ist die eine Frage, die nur jeder für sich selbst beantworten kann. Doch die Antwort hat mit diesem Jetzt zu tun, das immer ist. Es ist immer JETZT. Das klingt vielleicht selbstverständlich, doch die darin liegende Wahrheit wirklich zu erkennen, bedeutet in jedem Fall das Ende der Jagd.

Läuterung

In der Katholischen Kirche wird gelehrt, dass sich die Seele im Fegefeuer durch einen Läuterungsprozess von ihrer Schuld reinigen und so schließlich in den Himmel kommen kann. Von meinen bisher gut 20.000 Jenseitskontakten hat noch nie jemand von einer Hölle oder einem Fegefeuer berichtet. Doch es gibt in der Geistigen Welt tatsächlich eine Art Läuterung. Man/frau erinnert sich ja an das Leben auf der Erde, und zwar sehr deutlich. Das kann seelisch wehtun. Erst jetzt wird erkannt, was ich mit diesem Satz, dieser Tat angerichtet habe. Zugleich verstehe ich aber auch, was dazu geführt hat. Die Zusammenhänge werden offensichtlich. Es war nicht alles meine Schuld. So sehe ich auch bei anderen, dass sie mich nicht aus reiner Bosheit so verletzt haben. Jede Handlung, sogar jeder Gedanke geschieht aufgrund unzähliger Vorbedingungen.

Ich habe in meinem ganzen Leben und in der Geistigen Welt keinen bösen Menschen getroffen, wohl aber Menschen mit sehr viel Schmerzen und Wut. Die haben schreckliche Sachen verursacht. In der Geistigen Welt wird das oft deutlicher erkannt als hier. Es scheint der Wunsch aufzutauchen, etwas wiedergutmachen zu wollen. Was nicht so einfach möglich ist wie hier. Doch es ist wichtig zu verstehen, dass wir uns unsere Kindheit, die uns geprägt hat, nicht ausgesucht haben. Zuerst wird immer die Schuldseite gesehen. Im Fernsehen werden bei jedem Unglück vor allem Schuldige gesucht. Wer hat die Fehler gemacht? In den Medien, im Alltag, im Beruf, in der Familie, wird dauernd die Frage gestellt: Wer hat Schuld, wer hat es verbockt, auf wen können wir mit dem Finger zeigen? Wir sind darauf getrimmt und trainiert, zuerst überall das Unangenehme, Falsche, die Schuld zu sehen und nicht das Positive, Gute, die Güte.

In der Geistigen Welt geschieht ein Läuterungsprozess. Nicht im Sinne einer Bestrafung, sondern so, dass wir im Frieden sind mit dem, was war. Das sind meist viele kleine unbeachtete Nebensächlichkeiten. Wie man in der Familie miteinander umgegangen ist, unbewusst verletzend, hier ein fieser Unterton, dort eine versteckte Drohung. Wir kennen das: Ich nehme mir vor, meinen Papa zu besuchen, ihn um Verzeihung zu bitten, etwas zu klären – und schon beim ersten Satz geht alles in die falsche Richtung.

Wenn wir gestorben sind, wird uns das alles bewusst. Daher lautet mein Appell, den ich auch oft in meinen Vorträgen äußere: „Schmeißt euren ganzen (verletzten) Stolz und Schmerz über Bord und geht auf die Menschen zu, mit denen ihr zusammen seid und die euch etwas bedeuten. Sagt ihnen, dass ihr ihnen verzeiht, egal wie die reagieren. Rufen Sie doch heute Abend Ihre Eltern, Kinder, Verwandte oder Freunde an, um ihnen zu sagen: „Ich mag dich!“

Der Schmerz darf da sein

Aufgrund meiner langjährigen Erfahrung mit Menschen weiß ich, so etwas kostet Überwindung und Mut, doch der Einsatz lohnt sich. Wenn ich mit jemandem etwas emotional zu klären habe, dann bleibe ich dran, egal wie schmerzhaft das für mich und den anderen ist. Genau darauf kommt es in diesem Leben hier an, auf das Herz und was es möchte – meist gegen alle logischen Einwände oder materiellen Vorteile.

Der Schmerz darf da sein. Er gehört zu mir. Ich habe mich mit meinen inneren Dämonen angefreundet. Ich bin intelligent und dumm, dick und dünn, groß und klein – alle Eigenschaften sind in mir. Wenn ich wütend bin, dann ist eben Wut da, ich muss das nicht kontrollieren. Ich muss nur kontrollieren, was die Wut mit mir und aus mir macht und ob und wie ich sie auf mich oder andere richte. Doch all das geschieht, während ich ausharre in der emotionalen Situation, um diese zu klären und loszulassen. Ein großer Teil der Aufgaben und Herausforderungen im Leben besteht darin auszuhalten. Je älter wir werden, desto mehr lernen wir dies in aller Regel auszuhalten.

Wir sind hier auf der Welt nicht nur, um es schön zu haben, sondern um zu lernen. Wir sollen lernen, das zu akzeptieren, was ist. Auch wenn es ein großer Haufen von Schmerz ist. Das Aushalten ist nur die eine Seite, gleichsam die Form. Ich agiere auch, kommuniziere, spreche mit den anderen. Doch um mich nicht von meinem Schmerz überwältigen zu lassen und blind vor Wut zu reagieren, muss ich ihn da sein lassen, eben aushalten. Nur dann kann ich aus meiner Mitte heraus handeln. Im Bild gesprochen: Meine Wut darf Mitarbeiter in einer Abteilung sein, hat aber nichts in der Geschäftsleitung verloren.

Die Wut ist ein Aspekt. Bei mir ist das so ein grüner, grollender Giftzwerg, der sitzt auf einem Stuhl. Daneben sitzt mein Engel und möchte dauernd alle umarmen. Sie sind beide nicht ganz dicht. Woher weiß ich das? Weil ich mich beobachte. Mein Ego will permanent etwas anderes als das, was ist. Ich habe gelernt, mich selbst zu durchschauen und zu beobachten, wie ich empfinde. Wir können all das nur hier lernen, nicht aber in der Geistigen Welt. Nur hier haben wir einen Körper und spüren Schmerzen. Nur hier haben wir es mit einem ständig nervenden Geist zu tun, der uns versklaven möchte. Es ist eine ziemlich dumme Situation, in seinen Vorstellungen gefangen zu sein wie in einem Hamsterrad. Natürlich gilt das so für alle Emotionen, nicht nur für die Wut.

„Wache auf in die Realität!"

Das sagt uns die Geistige Welt durch alle möglichen Kanäle und auf alle möglichen Arten. „Tretet ein in die Realität des Nichtgetrenntseins!" Die Geistige Welt ist so real wie die physische Welt, denn wir Menschen sind ja ein Teil der Geistigen Welt. Wir sind nur so auf unsere physischen Sinne konzentriert und im Wahn der Jagd gefangen, dass es uns äußerst schwerfällt, die höhere Realität des Nichtgetrenntseins zu erkennen.

Diese Realität ist wahrhaftig da und kann nicht geleugnet werden, schon gar nicht nach dem Tod und der Ankunft in der Geistigen Welt.

Wenn jeder Einzelne erkennt, dass er wahrhaftig ein Teil des Ganzen ist und dies verinnerlicht, wird sich die innere Welt eines jeden Einzelnen verändern und harmonisieren. Darauf wird automatisch die Erkenntnis folgen, dass wir als Ganzes auch stetig aufeinander reagieren und alles, was ich denke, sage oder tue, auch eine Wirkung auf mich „als Ganzes" hat.

Nehmen wir ein einfaches Beispiel. Wenn ich selber gut gelaunt durch den Tag gehe, begegnen mir freundlichere Menschen, fallen mir schönere Sachen auf und in mir drin ist es einfach etwas heller. Bin ich aber schlecht drauf und laufe mürrisch und missmutig herum, werden mir auch mehr unfreundliche Menschen und eher schlechte und unschöne Sachen begegnen. Es ist einfach dunkler.

Machen Sie selber die Probe und beobachten Sie sich einige Tage, wie die Umwelt aussieht, wenn Sie freundlich sind, und umgekehrt, wenn Sie eher mürrisch sind. Nehmen Sie sich einfach die nächsten Wochen immer wieder vor, achtsam zu sein und zu beobachten, was um Sie herum und in Ihnen geschieht.

Stellen Sie sich vor, Sie gehen in eine Bäckerei, und vor Ihnen stehen lauter schlechtgelaunte Menschen an. Auch die Verkäuferin macht ein saures Gesicht und fragt unfreundlich „Was wollen Sie?" Stellen Sie sich umgekehrt vor, die Menschen im Laden sind freundlich, und die Verkäuferin lächelt Sie an, wünscht Ihnen einen Guten Morgen und fragt: „Was kann ich für Sie tun?“

Machen Sie ein Experiment: Wenn die Leute oder die Verkäuferin mürrisch sind, seien Sie besonders freundlich. Machen Sie ein Kompliment oder bedanken Sie sich ausdrücklich und schauen Sie, was passiert!

Ins Kreuzbein sinken

Wenn wir glauben, unser Geist zu sein – „ich denke, also bin ich“ – haben wir ein Problem. Oder glauben Sie, der Geist beherrscht die Materie? Das glauben Sie nur, solange Ihre Blase nicht voll ist.

Als Sechzehnjähriger musste ich eine Woche lang im Spital im Bett fixiert wegen eines Beinbruchs verbringen. Wie froh war ich, als ich Krücken bekam und alleine auf die Toilette konnte. Jeder von euch weiß, wie wunderbar es ist, nach einer Krankheit oder einem Unfall wieder gesund zu sein. Keine Schmerzen mehr!

Die Wesen in der Geistigen Welt haben nur noch ihren Geist. Sie wissen, was sie mit dem Körper hatten.

Wenn man spazieren geht, kommt oft ein Moment, wo man das Gefühl hat, das Spazieren geschieht wie von selbst. Es wird ruhig im Kopf. Das Denken tritt in den Hintergrund, und das Sein wird stärker bemerkbar. Es gibt gewisse Tätigkeiten, die uns gleichsam vom Geplapper des Verstandes befreien – und dann ist uns wohl. Wir können alles auf zwei Arten machen: Mit oder ohne Widerstand. Bei Tätigkeiten, wo der Körper unsere Aufmerksamkeit verlangt, wird der Geist ruhig. Wenn wir den Geist mit der Aktivität synchronisieren, hat der Geist etwas, worauf er sich einlassen kann. Deshalb sind Yoga, Ausdauersport, Tai Chi und ähnliches so populär.

Die Kirche hat in den vergangenen Jahrhunderten den Körper als Sündenpfuhl verurteilt. Lust und Eitelkeit waren Sünden. Deshalb sind Themen wie Sexualität bei manchen Menschen immer noch ein Tabu. Was wir stets beachten, ist der obere Bereich des Körpers, der Kopf, das Gesicht, der Hals und im Idealfall noch der Herzbereich. Die untere Hälfte des Körpers wird so gut wie nie gespürt.

Die meisten Menschen wissen nicht, wo sie sich tatsächlich befinden. Sie sind in irgendwelchen Gedanken, Erinnerungen oder Vergleichen. Der gängige Spruch lautet aber nicht „Geist, Geist, Geist", sondern „Körper, Geist und Seele".

Aufmerksamkeits-Meditation

Geht mit eurer Aufmerksamkeit in euren Bauch.

Lasst euch einen Moment Zeit.

Spürt ins Kreuzbein-Zentrum. Das ist da, wo sich Wirbelsäule und der obere Rand des Beckens treffen. Da, wo die bewegliche Wirbelsäule beginnt.

Lasst euch fallen wie einen entspannten Sack.

Ahh. Unten bleiben!

Könnt ihr von dort, im Körper, in irgendein beliebiges geistiges Problem springen?

Geht nicht so leicht, oder?

Man kann das üben, dort „unten" zu verweilen, und nicht nur für zehn Sekunden, sondern für die meiste Zeit.

Ich habe das lange geübt und übe noch weiterhin. Ich kann euch versichern, die Lebensqualität steigert sich in ungeahnter Weise. Es bringt wenig, das zu beschreiben. Ihr müsst es am eigenen Leib erfahren. Wir glauben, wir müssten alles mit dem Kopf entscheiden. Wie wir kochen, was wir essen, worüber wir uns unterhalten. Das geht tatsächlich alles viel besser vom Bauch oder Kreuzbein aus. Wenn ich mein Leben rückblickend betrachte, haben sich oftmals die mit dem Verstand getroffenen Entscheidungen als Desaster erwiesen. Zum Glück sind die meisten wichtigen Entscheidungen aus dem Bauch entstanden.

Wir handeln viel stärker aus der Intuition heraus, als wir meinen. Der Verstand lenkt uns davon ab. So passiert es, dass man da sitzt und darüber nachdenkt, wie man heute Abend nach Hause kommt. Dabei weiß das jeder ganz genau. Stattdessen Gedanken über Gedanken. Das ist in der Geistigen Welt nicht möglich, weil es solche Herausforderungen nicht mehr gibt. Aber warum darauf warten, wenn ihr es schon hier haben könnt? Entspannt euch. Seid hier und im Jetzt!

Wer ist noch im Kreuzbein-Zentrum? Bitte Hand hoch! Ihr könnt euch ins Kreuzbein-Zentrum *denken* oder ihr könnt dort *sein*.

Das Denken ist Zeitverschwendung. Denkt einmal, ihr wäret im Kreuzbein-Zentrum! Findet Entspannung statt? Nein. Mit dem Bewusstsein in den Körper zu gehen, ist nicht etwas, was man denken kann, sondern was man macht.

Ahhh!

Ein Meilenstein in meiner spirituellen Entwicklung war, dort bewusst ununterbrochen im Kreuzbein zu sein, achtzehn Stunden, während der Arbeit im Büro, beim Telefonieren, Schreiben, Zug fahren oder Sitzungen geben. Ich befand mich durchgehend im Zustand der Gelassenheit. Das geschah nach jahrelangem Üben mit der Frage: Wo bin ich jetzt?

9 Fragen und Antworten zur Geistigen Welt

Ich erhalte immer wieder Fragen zur Geistigen Welt, in meinen Workshops, bei Vorträgen oder per E-Mail. Einige möchte ich hier beantworten.

Hintergründe erkunden

Angenommen, eine junge Frau möchte von ihrer verstorbenen Oma wissen, ob ihr Freund sie betrügt. Ist da ein Medium imstande, eine richtige Antwort zu übermitteln?

Das ist sicher möglich. Ich habe von einer Sensitiven gehört, die in den 90er Jahren viel Geld damit verdiente, dass sie Auskunft gegeben hat, ob jemand fremdgeht. Doch ich habe so einen Fall bisher nicht erlebt und würde darauf auch nicht eingehen. Die Gefahr dabei ist, etwas falsch zu verstehen und ein menschliches Leid auszulösen. Hier mischen sich diverse persönliche Interessen. Und wer kann entscheiden, was richtig und was falsch ist? Vielleicht hat die Person einen Seitensprung gebraucht, um wieder mehr Freiheit und Freude zu erfahren, und kann sich verstärkt und mit neuer Kraft ihrer Ehe und Familie zuwenden. Die Geistige Welt kennt auch gewisse Regeln, wie stark sie sich in unsere Belange einmischen darf.

Andererseits hat mir die Geistige Welt auch schon geholfen, Betrug und Lügen aufzudecken. Als ich noch meine Informatikfirma hatte, machte mich mein verstorbener Großonkel darauf aufmerksam, dass der Lebenslauf von einem neu eingestellten Mitarbeiter gefälscht war. Das heißt nicht, dass die Verwandten aus dem Jenseits Gedanken lesen können. Doch sie können bei einem neuen Bewerber auf meine Bitte hin bei ihm zu Hause vorbeischauen und überprüfen, was das für einer ist. Das war schon einige Male die Frage eines Klienten, ob er seinem neuen Geschäftspartner vertrauen könne. Oder ein Manager wollte wissen, wie die Mitarbeiter im Unternehmen zueinander stehen. Es war also ein mediales Soziogramm gefragt. Für einen Projektleiter ist es zweifellos von Vorteil, wenn er die Zusammenhänge hinter den Kulissen besser versteht.

Als ich mich mit zweiundzwanzig Jahren als Unternehmensberater bewarb, hat man ein graphologisches Gutachten von mir machen lassen. Das habe ich lesen dürfen. Ich kann sagen, so eine Einschätzung ist in jedem Fall auch einem guten Medium möglich, sogar noch genauer und tief gehender.

Manchmal bittet die Polizei anerkannte Medien um Mithilfe bei der Suche nach einem Täter, einer Tatwaffe oder Leiche. Was ist davon zu halten?

In den 70er Jahren hat es vonseiten der Polizei einen Aufruf gegeben mit der Bitte für Hinweise, um eine Mordwaffe zu finden. Alle möglichen Medien und Sensitive haben sich beteiligt. Es gab über fünfhundert Hinweise. Ohne Ergebnis. Fünfzehn Jahre später wurde das Gewehr hinter einer Holzwand in dem Haus gefunden, wo der Mord passiert ist.

Doch es ist auch schon vorgekommen, dass der Verstorbene einem Medium zeigen konnte, wo sein Leichnam liegt. Pascal hatte in einem spektakulären Fall die Leiche an einem Fluss gesehen, und die Polizei hat sie daraufhin tatsächlich dort gefunden. Wenn es um das Auffinden einer verschwundenen Person geht, dann gehe ich selbst folgendermaßen vor: Erscheint mir die betroffene Person aus der Geistigen Welt, dann ist sie gestorben. Wenn nicht, lebt sie noch.

Einmal kam eine Familie aus Deutschland zu mir, weil sie einen Verwandten suchten. Ich sah einen Jeep in einem Dschungel, also in einem tropischen Land mit schwacher Infrastruktur. „Es fühlt sich für mich an wie das nördliche Südamerika", sagte ich. „Die sind dort im Jeep herumgefahren, ausgestiegen und in den Wald gegangen." Der Gesuchte lag am Boden als Leiche, hat sich schnell zersetzt und konnte deshalb nie gefunden werden. Der Mann stand neben mir und sagte, er sei von einer Schlange gebissen worden und dort im Urwald gestorben. Was ich sah, die Jeepfahrt und die Umgebung, erwies sich als richtig. Es geschah vor zwanzig Jahren in Venezuela.

Ein anderes Mal wollte eine Vietnamesin von mir wissen, wo sich ihr Vater aufhält. Sie war ein Adoptivkind. Ihre Mutter war Vietnamesin, ihr Vater US-Soldat. Ich konnte ihr sagen, in welcher Stadt ihr Vater heute lebt. Solche Sachen sind also durchaus möglich. Doch es gibt Medien, die sind darauf spezialisiert. Ich selbst bin nicht so interessiert an polizeilicher Arbeit. Ich sehe meine Aufgabe eher darin, Menschen in ihrer spirituellen Entwicklung zu unterstützen.

Sehe ich meinen Körper verwesen, wenn ich gestorben bin?

Wahrscheinlich nicht. Der Körper liegt ja nicht einfach so herum, sondern ruht in der Regel in einem Sarg in der Erde oder wurde eingeäschert. Man kann nicht durch die Erde und in Särge hineinschauen. Viele Verstorbene sehen allerdings ihren Körper kurz nach dem Tod aufgebahrt. In den ersten drei Tagen hat sich die Seele noch nicht vollständig vom Körper gelöst. In einigen buddhistischen Traditionen wird die Zeit der vollständigen Loslösung mit sieben Tagen angegeben.

Sind die Verstorbenen bei ihrer eigenen Beerdigung anwesend?

Ja, fast alle Kontakte haben mir davon berichtet.
In einem Fall, wo die Eltern den Sarg für ihr Kind selbst hergestellt hatten, beschrieb der verstorbene junge Mann den besonderen Sarg und dankte den Eltern dafür. Die Eltern erkannten daran in der Sitzung bei mir die Echtheit der medialen Botschaft. In einem anderen Fall erzählte mir ein Mann, dass seine Frau erleichtert war nach seinem Tod. Das hatte er nicht erwartet.

Wie sieht es drüben aus?

Wie orientiere ich mich am Anfang in der Geistigen Welt?

Wenn du gestorben bist und in die Geistige Welt eintrittst, bist du zunächst orientierungslos. Es ist gut, wenn dich jemand empfängt, den du erkennst, etwa deine Oma oder dein Vater. Es ist so, als würdest du auf einem dir unbekannten Flughafen – beispielsweise der JFK in New York – ankommen und wüsstest nichts von Taxis, Anzeigetafeln und so weiter. Die meisten Menschen sind ja völlig überrascht und verwirrt, dass es so etwas wie eine Geistige Welt gibt. Es ist so, als wären sie auf einen fremden Flughafen versetzt, dort irgendwo wie aus dem Nichts abgesetzt. Dann kann es sehr hilfreich und beruhigend sein, wenn jemand auf einen zukommt, der einem vertraut ist. Was ja eigentlich auch immer der Fall ist. Also sorgt euch nicht, es wird jemand da sein, um euch abzuholen.

Um im Bild des Flughafens zu bleiben: Die Neuankömmlinge werden darüber aufgeklärt, wo sie eigentlich sind. Nicht jeder kann sofort akzeptieren, dass er/sie gestorben ist, aber den meisten dämmert es. Je nach persönlicher Eigenart wird der eine bereits gespannt sein, die neue Welt zu erkunden, als würde er das Taxi zur nahegelegenen Stadt nehmen wollen. Ein anderer wird vielleicht wie benommen auf einem Stuhl Platz nehmen und alle Eindrücke von sich abwehren wollen.

Die geistigen Führer oder Verwandten, die mich in der Geistigen Welt empfangen, können mit meinen Vorstellungen „mitreisen". Sie sind bei mir. Das ist ähnlich wie bei der Übung, wo ich die Augen schließe und mich im Geiste an meinen Arbeitsplatz oder in das Wohnzimmer meiner Familie versetze. Ich bin im Nu dort. So reisen wir in der Geistigen Welt; und die Geistführer kommen mit.

Immer mehr Menschen kommen heute innerlich vorbereitet in der Geistigen Welt an. Sie haben meditiert und kennen die Technik der Visualisierung. Bewusstsein und Unterbewusstsein sind nun nicht mehr getrennt. Etwas macht „Klick", und ich weiß, was geschehen ist und wo ich bin.

Früher, als die Menschen stärker in ihre Religion und Tradition eingebunden waren als heute, war der erste Eindruck in der Geistigen Welt vermutlich beherrscht von den Merkmalen der jeweiligen Religion und Kultur. Katholiken wurden von bevorzugten Heiligen in Empfang genommen, Protestanten von ihrem Pastor, Hindus von Sadhus in roten Gewändern. Heute könnte es für alle der JFK-Flughafen sein, doch mit gewissen Unterschieden. Der Katholik erfährt die Dame an der Information als Mutter Maria, der Hindu freut sich über die wohlgenährten Kühe in der mit dem Duft von Räucherstäbchen erfüllten Halle.

Es gibt ganz wenige Menschen, dazu gehören einige Buddhisten, die trainieren ein Leben lang, beim Sterben am richtigen Ort herauszugehen und in der Geistigen Welt gezielt zu landen. Da herrscht eine große geistige Konzentration. Die gehen direkt an den gewünschten Ort in der Geistigen Welt. Wir haben hier zwei Ebenen: Die Realität der Geistigen Welt mit anderen Gestorbenen oder Geistführern, die da sind – in Entsprechung zu unserer physischen Welt – und die Ebene der Vorstellung. Dort erleben die Verstorbenen eine ihnen passende Umgebung. Mir wurde das einmal gezeigt in einer Art Traum. Ich war gestorben und in der Geistigen Welt. Ich ging gemütlich spazieren in einer herrlichen Natur – der Schweiz ähnlich – und fühlte mich zufrieden. Da kam ein Mann zu mir und wollte mit mir reden. Gemeinsam spazierten wir, und immer wieder wusste ich intuitiv, da stimmt etwas nicht, und ich habe im Traum immer wieder versucht, alleine zu gehen und wieder aus dem Traum zurückzukommen, da ich klar wusste, es war ein Traum.

Trotz der schönen Landschaft und des guten Gefühls wollte ich da eigentlich nicht sein. Ich hatte das ungute Gefühl, in eine Art „schöne neue Welt" oder goldenen Käfig abgeschoben zu werden.

Es fühlte sich schön und entspannt an und es war mir wohl, aber der Drang, wieder wach zu werden, war zu groß. So konnte ich nicht in aller Ruhe mit dem Mann reden, sondern wollte da wieder heraus und aufwachen. Das Ganze geschah während eines Meditationsretreats – unterbewusst war der Rahmen positiv. Der mir unbekannte Herr, älter als ich, sehr freundlich, begegnete mir immer wieder und versuchte, mit mir zu reden. Doch mein innerer Widerstand war derart groß, dass ich mich aus diesem Traum geradezu herausgeschrien habe.

Die meisten Menschen sind wie im Hamsterrad kontrolliert von ihren Gedanken. Sie sind von ihren Vorstellungen geradezu absorbiert; und dasselbe kann dann immer wieder in der Geistigen Welt geschehen. Doch hier gibt es das eigentümliche Phänomen, dass sich zwei oder mehr Personen eine Vorstellungswelt teilen können. Es ist so ähnlich, als wenn du mit jemandem gemeinsam dasselbe Buch liest. Im Buch werden bestimmte Landschaften beschrieben, Berge, Seen, die vor eurem inneren Auge erscheinen und lebendig werden.

Bei mir war das in diesem Traum die Natur; und das ist wohl für viele westliche Menschen so: Die Natur ist der Ort, wo man sich erholt.

Gibt es in der Geistigen Welt ein Jetzt?

Das Jetzt ist kein Gefühl, eher ein Spüren von etwas Unbeschreiblichem. Jeder kann das unmittelbar erfahren. Berühre mit deinen Fingern etwas in der Nähe, etwa die Tischdecke. Wie fühlt sich das an? Will man es ganz genau beschreiben, bis in die einzigartige Feinheit der Empfindung, dann wird es schwierig. Die Empfindung ist deutlich präsent, doch die Worte scheinen nicht mehr zu passen.

Ich kann lernen, die Aufmerksamkeit auf jeden beliebigen Teil meines Körpers zu richten, und zwar konstant, nicht nur für ein paar Sekunden. Ich kann mich selbst dort gleichsam „ablegen". Je mehr das geschieht, desto mehr kann sich die Stille als das Jetzt manifestieren.

Dies ist keine Vorstellung, nicht ein Denken der Realität. Das Jetzt ist da, wenn das Denken weg ist. Das gilt für diese Welt und für die Geistige Welt. Das, was spricht und fühlt, hat nichts zu tun mit dem, was ich wirklich bin. Das Jetzt ist jenseits vom Denken. Wenn ich das, was mit den Fingern gespürt wird, genau zu beschreiben versuche, habe ich eine Stunde zu tun, und der Leser würde es trotzdem nicht voll erfassen können. In dem Moment, wo ich das Jetzt zu verstehen glaube, ist es schon zu einem Konzept oder einer Erinnerung geworden und nicht mehr das wahre Jetzt.

Das Jetzt ist immer nur gerade in dem Moment, wo es stattfindet, und jeglicher Versuch, es verstehen oder fassen zu wollen, führt in den Verstand, in die Vorstellung, in die Erinnerung, denn das Jetzt ist ja schon wieder vorbei, wenn wir im Denken sind. Auch die Zukunft ist reine Fiktion, da wir nicht wirklich wissen, was kommt. So ist es müßig zu versuchen, über das Wollen oder das Verstehen ins Jetzt zu kommen. Ich empfinde „Jetzt" mehr als ein Aussteigen aus den Vorstellungen, dem Denken, dem Ego-Ich. Es zu verstehen, ist schlicht nicht möglich. Schon in den alten Schriften des Ostens steht es beschrieben als das „was nicht beschrieben werden kann". Es verstehen zu wollen, bringt also nichts. Es ist hilfreich zu verstehen, dass die Natur des Geistes, des Ego-Ichs und der Schöpfung Vergänglichkeit sind und darum das Ewige – Unendliche und Unveränderliche – nicht wahrgenomnen, sondern nur umschrieben werden kann, nachdem es wahrgenommen wurde. Es verstehen zu wollen, ist deshalb schlicht nicht möglich, denn auf feinstofflicher, energetischer Ebene ist Verstehen gleichbedeutend mit Kontrollieren, und zu kontrollieren bedeutet zu zerstören.

Spirituelle Entwicklung

Ist eine spirituelle Praxis sinnvoll, um in der Geistigen Welt besser klarzukommen?

Auf jeden Fall. Die meisten Menschen sind sich nicht bewusst, was nach dem Tod kommt. Es ist keine Hölle. Man kann es in seiner Vorstellung ganz gut aushalten. Doch es bleibt, wie hier, ein Gefangensein in der Illusion – in der Vergänglichkeit, im Veränderlichen, in der feinstofflichen Ebene der Schöpfung. Zwar fällt alles weg, was mit einem Körper verbunden ist: Schmerzen, Essen und Trinken oder Schlafbedürfnis. Viele betrachten das als das große Leiden, nämlich an den Körper gefesselt zu sein. Wenn ich gestorben bin, ist diese Fessel weg. Es gibt keinen Grund mehr, sich etwas Unangenehmes anzuschauen. Deshalb ist es wichtig, dass man zu Lebzeiten lernt, etwas auszuhalten. Eine unangenehme Situation, ein Gefühl, eine Konfrontation. Das sind die Gelegenheiten, in der Liebe zu wachsen. Die sind in der Geistigen Welt in dieser Form nicht mehr gegeben. Erst wenn ich alle Gefühle, Emotionen und Gedanken sowie Schmerz oder Angst und Wut als das wahrnehme, was sie sind, ohne davor wegzulaufen, ohne es mit Alkohol, anderen Drogen oder endlosen Aktivitäten und unnützen Beschäftigungen betäuben und überdecken zu wollen, erst dann bin ich frei. Wir können lernen, einen Gleichmut gegenüber unseren Vorlieben und Abneigungen zu entwickeln. Das ist durchaus möglich. Ich erinnere mich an eine Situation in einem Yoga Niketan in Südindien, wo mir ein Mönch etliche verschiedene breiige Portionen auf das Palmblatt klatschte. Der Andy als äußere Person probierte das eine und fand es widerlich, kostete das andere und es schmeckte ihm herrlich, doch tief drinnen war kein Urteil, sondern Gleichmut, freundliche, heitere Gelassenheit. Bei dieser Erfahrung habe ich dann extra beides immer wieder probiert, und es hat sich nichts mehr verändert. Beides war schlussendlich das Gleiche – es gab keinen Unterschied mehr – jenseits der Wertung, der Polarität, im Sein und Jetzt. Gleichmut darf nicht mit Gleichgültigkeit verwechselt werden, denn beim Gleichmut hat alles den gleichen Wert. Bei der Gleichgültigkeit wird abgelehnt oder negiert – das ist nicht förderlich.

Wer sich für das Angenehme entscheidet, braucht als Gegensatz notwendig das Unangenehme – gleichsam im Hintergrund. Je stärker mein Drang zum Angenehmen, desto stärker die Flucht vor dem Unangenehmen. Lerne ich, das Unangenehme so zu akzeptieren, wie es ist – manchmal schmeckt das Essen eben nicht so gut und manchmal tut etwas weh – dann kann mit der Praxis Gelassenheit eintreten. So ist es auch mit all dem, was in der Gesellschaft als furchtbar traurig und schrecklich dargestellt wird. Wenn jemand stirbt, dann ist auch das nur eine Erscheinung. Wenn ich es wirklich akzeptiere, dann ist da Frieden. Es ist ja auch oft so im eigenen Leben, dass man etwas zuerst verabscheut und später als Segen sieht und umgekehrt. Der Unterschied liegt in der eigenen Wertung, die sich in der Zwischenzeit verändert hat.

Alle diese Dinge gibt es nicht in der Geistigen Welt, sondern nur hier. Deshalb findet nur hier eine spirituelle Entwicklung in dieser Intensität statt. Natürlich ist auch in der Geistigen Welt eine spirituelle Entwicklung möglich – das sei hier nicht infrage gestellt. Aber sie ist viel langsamer und erfordert mehr Willen als hier, denn die physische Ebene und der daraus entstehende Zwang, sich mit sich selber, seinem Körper und seinem Leben auseinanderzusetzen, sind nach dem Tod nicht mehr vorhanden. Darum ist es essenziell, das hier schon zu lernen und die Grundlagen besser verstehen und beherrschen zu können. Das wiederum ist nur und ausschließlich mit einer guten spirituellen Praxis möglich, so dass es im Tiefsten des eigenen Wesens verankert ist. Natürlich gibt es die extrem seltenen kleinen Wunder des spontanen oder inspirierten Erwachens. Aber das bringt nicht viel in der Geistigen Welt. Erst wenn das Erwachen dazu führt, die spirituelle Praxis in den Mittelpunkt des Lebens zu stellen, ist ein Fortschritt möglich. Für alle anderen Menschen gilt eine einfache Regel: Je mehr du praktizierst, desto besser wirst du und desto größer wird die Wahrscheinlichkeit der Erleuchtung. Mein Guruji sagte, das Nirivikalpa Samadhi, was als einer der höchsten Zustände im Yoga gilt, sei wie das Abitur – es geht weiter.

Ist die Ausbildung zum Medium an eine spirituelle Entwicklung gebunden?

Nein. Ich kann ein begabtes und gut ausgebildetes Medium sein und einen wunderbaren Service bieten, ohne irgendein Interesse an Erleuchtung oder geistig-spiritueller Befreiung zu haben. Ich unterrichte die Grundlagen in allen Ausbildungen und Kursen immer wieder und biete spezielle Wochen und Wochenenden zur spirituellen Entwicklung an. Ich überlasse es aber meinen Schülern, inwieweit sie sich der spirituellen Entwicklung widmen möchten. Ich weise auf Wege und Türen hin. Ob sie dort weitergehen, ist ihre Sache. Allerdings braucht es die Schulung der inneren Wahrnehmung, Empfänglichkeit und Stille, sonst kann man keine guten Jenseitskontakte herstellen.

Als medialer Lehrer fördere ich meine Schüler, denn es gilt, die sensitive und mediale Arbeit zu erlernen. Daraus kann durchaus innerer Druck entstehen, und bei meinen fortgeschrittenen Schülern verwandelt sich das Fördern dann auch in Fordern, denn ich erwarte gute Qualität und überprüfe diese auch. Als spiritueller Lehrer tue ich das nicht. Abgesehen davon, dass ich möchte, dass sie praktizieren. Die Schüler im Bereich der Medialität können natürlich an einen Punkt kommen, wo sie merken: Oh, da ist ja noch mehr – und es beginnt eine spirituelle Suche. Die kann sozusagen nebenbei und unbewusst geschehen, was auch wunderbar ist, oder man findet einen bewussten Weg. Das Individuum entscheidet: Ich möchte in meine Entwicklung oder meinen Beruf investieren.

Wer sich für die spirituelle Entwicklung entscheidet, wird durch die spirituelle Praxis immer mehr über sich selber und seine Vorlieben und Abneigungen gleichermaßen erfahren. Alleine daraus entsteht Weisheit und innere Klärung, und das ist die Basis der spirituellen Praxis. Woher kommen diese Vorlieben und Abneigungen? Aus unseren Konditionierungen und Prägungen. Alles Prägungen und Werte, die ich mir nicht ausgesucht habe. Und natürlich auch durch meine eigenen Erfahrungen – aber auch diese sind durch meine Prägungen und Werte gefärbt – so ist es ja nicht wirklich meine Wahl, warum ich etwas mag und etwas anderes nicht. Es hat mit den Vorlieben meiner Eltern, meiner Kultur oder ähnlichem zu tun. Ich lebe also dieses Leben auf der Basis von Vorlieben und Abneigungen, die ich nicht einmal selbst gewählt habe. Da wird einem bewusst, wie sehr man ein Sklave ist und der sogenannte freie Wille vielleicht gar nicht so frei ist. Man redet sich da etwas schön.

Der Wille kann nicht frei sein. Weil man mit dem Willen irgendwohin will. Was oder wohin man will, ist in den meisten Fällen bestimmt durch einen Mangel, denn meist ist die Motivation, etwas zu wollen, Unzufriedenheit. Man will etwas verändern, weil das, was ist, nicht gut oder gut genug ist, und diese Bewertung kommt aus den Konditionierungen und Mustern. Ich sage hier nicht, man soll etwas nicht verändern wollen. Aber wir sollten lernen, das mehr zu hinterfragen und nicht blind ein Leben lang einfach etwas anderes zu wollen als das, was ist. Das versteht der Schüler am Anfang nicht und wendet sich von der spirituellen Entwicklung ab. Es ist in Ordnung, wenn jemand sagt: Ich will einen spirituellen Weg gehen. Er wird dann erkennen, dass das Wollen nichts bringt, aber als Werkzeug dienlich ist. Nur das Tun, die Praxis, zählt. Sonst geht es um die Erfüllung der eigenen Vorlieben, und das birgt seine Gefahren. Es wird zur „Lifestyle-Spiritualität". Mein Leben soll besser werden. Bedeutet: Das Hamsterrad soll neu möbliert werden.

In der spirituellen Praxis tust du etwas jenseits von Gefallen und Nichtgefallen. Etwas offenbart sich, was einfach richtig ist. Vielleicht fühlt es sich obendrein auch noch gut an. Darum geht es aber eigentlich nicht. Die spirituelle Praxis sollte keinen „persönlichen Zielen" dienen, auch wenn der Nebeneffekt der spirituellen Entwicklung zum Teil sehr erfreulich und angenehm ist. Es kann und wird aber auch eine Herausforderung sein. Viele Schüler haben nach einer Weile manchmal den Eindruck, dass es mit der sprituellen Praxis schwieriger wird. Aber dem ist definitiv nicht so. Es wird garantiert besser. Man wird bewusster – bewusster in Bezug auf sein eigenes Leben und was darin abläuft. Die „Blindheit" verschwindet allmählich, und die Realität des Lebens zeigt sich immer mehr.

Es geht darum, die Erfahrungen nicht als gut oder schlecht zu bewerten. „Oh, da war diese wunderbare Stille, dieser Frieden, dieses Gefühl von Einheit!", sagen sich manche. Sie werden womöglich von anderen und sogar vom Lehrer bestätigt und denken, sie seien weit gekommen. Nur in ihrer Vorstellung.

Ein erster Schritt in der spirituellen Entwicklung ist die Erkenntnis: Was ich mir vorstelle, ist ja gar nicht das, was ist! Aber was ist es dann?

Die meisten Techniken führen dazu, dass man wieder etwas verändern will. Was nicht bedeutet, dass sich tatsächlich etwas verändert.

In allen spirituellen Traditionen probiert man, das Leben nicht mehr zu beeinflussen. Die Theorie dahinter ist simpel. Ich habe in meinem bisherigen Leben schon so viel gewollt, und andere wollten etwas von mir oder hatten und haben Erwartungen an mich, die mich im „Hamsterrad" halten und es sogar beschleunigen. Somit hat sich jeder schon so viel gewünscht und wollte dermaßen viel, da kann ich nur raten, einmal einen Schritt zurückzugehen und nicht immer zu versuchen, zu rasen und vorne sein. Einfach nur wahrnehmen, was tatsächlich ist. Dann kommt diese Ruhe. Diese Ruhe gilt es als Erstes auszuhalten. Das ist für die meisten Menschen schon eine große Herausforderung, nicht nur im Äußeren – das mag irgendwann gehen – aber im Inneren, in den Gedanken und Emotionen ruhig zu sein, ohne gleich einzuschlafen. Das, was ist, ist dann gut. Die Grundlage, das Leben so anzunehmen, wie es ist, wird erst so geschaffen: Indem man schaut, was wirklich ist. Wenn wir Glück haben, gibt es Menschen, die wir mögen oder die uns mögen – und vielleicht sogar lieben. So einfach sollten wir beginnen. Meine Einstellung dazu lautet: Es spielt keine Rolle, ob es mir passt oder nicht; denn es gibt nichts anderes als das, was ist. Darum ist es ja auch nur „intelligent", das einmal anzuschauen, was ist, und zwar so, wie es ist. Mit allen Aspekten und nicht nur aus der verträumten oder vergraulten Sicht. Es geht erst einmal nicht darum, etwas oder gar alles zu verändern, sondern meine Sichtweise zu hinterfragen und mehr das, was ist, anzuschauen und anzunehmen, bevor wir schon wieder davonlaufen. So kann ich annehmen und wertschätzen, was da ist. Die Wertschätzung und vielleicht Dankbarkeit ist extrem wichtig. Wenn ich meine Existenz und alle ihre Aspekte wertschätze, dann sehe ich in meinen Füßen nicht nur mechanische Werkzeuge, die gefälligst zu funktionieren haben, sondern ich danke ihnen, dass sie jeden Tag für mich da sind. Dann fängt das Leben eigentlich erst richtig an. Was wäre ich ohne Herz, Lunge oder Nervensystem? Ich wäre tot und in der Geistigen Welt. Dankbarkeit für solche „selbstverständlichen" Sachen ist ein guter und einfacher erster Schritt. Er sollte möglichst oft und jeden Tag getan werden. Fangen Sie vielleicht damit an, den Atem zu schätzen. Das stetige Ein- und Ausatmen zu beobachten, kann helfen, bewusster zu werden.

Wenn ich in die Geistige Welt komme, werde ich freundlich und freudig begrüsst, das ist keine Frage mehr. Das Atmen und der Körper, die mich stets an die Realität der physischen Ebene erinnern, sind allerdings nicht mehr da. Alle Erfahrungen auf der physischen Welt haben einen körperlichen Effekt, und gerade der Körper holt uns immer wieder aus dem Geist und damit ins Jetzt. Dieser Effekt fällt in der Geistigen Welt komplett weg. Es gibt keinen physischen Körper und damit auch keine körperlichen Bedürfnisse und Erfahrungen mehr. Es ist die Geistige Welt ohne die gemeinsame physische Erfahrung. Alles wird dadurch anders erlebt, weil der Zwang der physischen Ebene nicht mehr da ist. Fragen Sie sich nur einen Moment, wie oft sie essen, trinken, schlafen, gehen, sitzen oder sich bewegen! All das hat den einen mehr oder weniger großen Effekt, Sie ins „Jetzt" zu bringen. Sie aus dem Geist, aus den Gedanken und Emotionen zu holen. Dies alles fällt weg in der Geistigen Welt. Darum ist es umso wichtiger, Achtsamkeit und Bewusstsein hier in diesem Leben zu lernen.

Da wir in der Geistigen Welt keine zwingende gemeinsame Realität haben wie hier, kann man sich gut eine Woche oder hundert Jahre in seinen eigenen Vorstellungen und Gedanken verlieren. So wie die Menschen auf der Erde leben viele Geistwesen innerhalb ihrer Vorstellungen – und erbauen sich ihre eigene Welt – aber natürlich ist es viel einfacher, andere zu besuchen oder besucht zu werden, zu lernen oder etwas zu unternehmen, weil es halt keinen Aufwand mehr erfordert, sich fortzubewegen. Die geistige Führung wird sich natürlich nach Kräften bemühen, zu helfen und zu unterstützen, das ist keine Frage. Die Möglichkeiten in der Geistigen Welt, den Menschen auf der Welt und der geistigen Ebene zu helfen, sind natürlich unendlich viel größer, auch wenn der Einfluss auf die Lebenden manchmal behindert ist.

Teil 4
Was ist wirklich?

10 Karma und Reinkarnation

Zwei Begriffe, die oft in Verbindung gebracht werden, obwohl das eine Wort aus dem Sanskrit und das andere aus dem Lateinischen stammt. Im Hinduismus, Buddhismus und Jainismus bedeutet Karma die Konsequenz aus einer Handlung (wozu auch Gedanken gerechnet werden). Sie wirkt sich auf geistiger Ebene über den körperlichen Tod hinaus auf die nächste Wiederverkörperung aus. Höchstes Ziel ist es, nicht mehr wiedergeboren zu werden, aus dem Kreislauf des leidvollen Lebens auszusteigen. Das geschieht, wenn jemand kein Karma mehr erzeugt, wenn also keine Anhaftung an irgendetwas mehr existiert.

Die Frage lautet hier: Wie passt die Geistige Welt in dieses Konzept? Wenn es viele Leben gibt, habe ich früher schon (mehrmals?) auf der Erde gelebt? Oder komme ich aus der Geistigen Welt und kehre dorthin zurück?

Wiedergeburt und Geistige Welt

Die eine populäre Betrachtungsweise ist vom Westen aus Indien übernommen und denkt in Abfolgen von Leben. Ich bin auf der Erde, komme in die Geistige Welt, wieder zurück auf die Erde und so weiter. Manchmal dauert das Leben hier nur eine Stunde, dann hundert Jahre. In der Geistigen Welt ist die Zeit schwer einzuschätzen, von einem Tag bis unendlich. Diese aus Indien stammende Vorstellung, die sehr spannend ist, sieht vor, dass irgendwann in der Geistigen Welt der Impuls oder „Befehl" kommt, sich wieder auf der Erde zu inkarnieren, also als Baby wiedergeboren zu werden. Dabei ist aus manch einer westlichen esoterischen Richtung die Idee dazu gekommen, ich könnte wählen, welche Erfahrungen ich machen möchte. Ich möchte zu dieser Mutter und nicht zu jener.

Ich hinterfrage solche Konzepte sehr kritisch. Schon im Leben wünschen wir uns alles Mögliche, was sich meist nicht erfüllt oder nur ganz anders, als wir es erwartet haben. Im Tod wird das nicht besser. Da scheint mir eine enorme Selbstüberschätzung und Schönrederei vorzuliegen.

Ist jemand kurz vor der Erleuchtung, dann kann er womöglich etwas Einfluss nehmen auf die Zukunft. Das wird zumindest in der Theorie vom Karma angenommen. Ist jemand in seinem Leben spirituell wirklich vorwärts gekommen, steigt die Wahrscheinlichkeit, im nächsten Leben in einer Umgebung und einer Familie geboren zu werden, in welcher die spirituelle Entwicklung gut weitergehen kann. Ich habe selber Menschen getroffen, die schon recht weit sind und auch in fördernden Verhältnissen aufgewachsen sind, die im früheren Leben eine gute Tat für jemand anderen getan oder ein Leben geführt haben, in dem sie von Herzen anderen Menschen gedient und geholfen haben. Das scheinen ebenfalls förderliche Aspekte zu sein.

Wenn jemand stirbt, nimmt er seine Anhaftungen mit, es sei denn, er ist erleuchtet und hat alle Anhaftungen aufgelöst. In der physischen Welt gibt es für die befreite Seele nichts, was sie bindet. Im Mahayana-Buddhismus kommt hier das Konzept des Bodhisattvas ins Spiel. Eine befreite Seele, die freiwillig ins Leben zurückkehrt – und das sogar immer wieder – bis alle Seelen auf der Erde befreit sind. So lautet jedenfalls das Gelübde. In vielen buddhistischen Traditionen kommen die Lehrer wieder als Lehrer zurück.

Sie wählen den Ort und die Umstände der Geburt und informieren dann die Mönche, damit dieser Lehrer im neugeborenen Körper wiedergefunden werden kann.

In der hinduistischen Tradition wird jemand, der in früheren Leben die Erleuchtung erlangt hat und wiedergeboren wird, auch Avatar oder Weltenlehrer genannt. Ist das Karma in einem früheren Leben komplett aufgelöst worden, kann im nächsten Leben kein neues Karma angesammelt werden.

Doch wir als „Normale" werden in der Geistigen Welt von denen empfangen, die vor uns gegangen sind. Wir tauschen uns aus, lernen diese neue Welt relativ entspannt kennen. Irgendwann wird es vielleicht langweilig, wie auch hier auf Erden. Man sehnt sich nach etwas, was man auf der Erde hatte. Diese Anhaftung erzwingt dann die nächste Wiedergeburt.

Eine populäre Sichtweise im Westen ist, dass Seelenanteile in einer beliebigen Kombination die Grundlage eines neuen Lebens sind. Also werden die Anhaftungen der früheren Leben neu gemischt und so werden die Grundpersönlichkeit und die Umgebungsvariablen der neuen Geburt definiert. So entsteht auch die Idee, dass ich aus früheren Leben „Themen" in dieses Leben mitgebracht habe, die ich lösen kann – mit Meditation oder entsprechender therapeutischer Hilfe.

Zwei unterschiedliche Konzepte

Die hinduistische Philosophie und einige buddhistische Richtungen gehen davon aus, dass alle früheren Leben im Unterbewusstsein des Neugeborenen gespeichert sind. Das setzt voraus, dass die Seele und die jeweilige Inkarnation sich wie 1 zu 1 verhalten. Die Seele hat Karma und muss sich so lange auf der Erde inkarnieren, bis die letzte Inkarnation die Erleuchtung findet. Dann findet die Auflösung im Licht statt. Die Seele steht zu ihrer Inkarnation im Verhältnis 1 zu 1. Das heißt, jede Verkörperung hier ist ihre (einzige aktuelle) Manifestation.

In meiner Erfahrung steht aber die Seele zu ihren Inkarnationen im Verhältnis 1 zu N, also Eins zu vielen Leben. Diese Leben bestehen aus meiner Persönlichkeit jetzt und vielen anderen Persönlichkeiten in der Vergangenheit und der potenziellen Zukunft. Ich kommuniziere in der Geistigen Welt mit Persönlichkeiten, die zu verschiedenen Zeiten auf der Erde inkarniert waren, und zwar als Verkörperung ein- und derselben Seele – immer noch aus Sicht der sequenziellen Inkarnationstheorie, also der indischen Sicht.

In der „Autobiografie eines Yogi“ von Yogananda erzählt sein Lehrer Sri Yukteshvar am Schluss, dass es schwierig gewesen sei, ihm im Wirrwarr der Geistigen Welt auf der Spur zu bleiben und ihn zu lenken. Erst als er wieder inkarniert war, konnte er Verbindung zu seinem Schüler aufnehmen.

Als Medium bin ich spezialisiert auf dieses Wirrwarr in der Geistigen Welt; denn aus meiner Sicht ist es kein Wirrwarr, da die Jenseitskontakte immer eine Verbindung mit meinen Klienten haben. Die Inder gehen davon aus, dass Verstorbene in der Geistigen Welt sind, jedoch bei einer Reinkarnation im Unterbewusstsein des Neugeborenen mit dabei und nicht mehr in der Geistigen Welt sind.

Das Ich entsteht

Ich mache nun einen kurzen Abstecher in die christliche Sichtweise. Wenn das Baby auf die Welt kommt, kann es noch nicht zwischen sich und der Welt oder anderen unterscheiden. Daran können wir uns zwar in der Regel nicht mehr erinnern, doch es ist so und auch wissenschaftlich erwiesen. Für das Baby ist alles eins. Es ist gleichsam im Zustand der Erleuchtung. Die Trennung zwischen sich und allem anderen beginnt erst ab dem 2. oder 3. Lebensjahr. Damit entsteht überhaupt erst die individuelle Persönlichkeit.

Das ist der Grund, warum es Inkarnationen und die Geistige Welt in dieser Form gibt. Weil diese Persönlichkeiten, die da geboren werden, sich auflösen, wenn die letzte Inkarnation dieser Seele die

Erleuchtung gefunden hat. Alle Anhaftungen sind damit aufgelöst. Darum ist die christliche Sichtweise ebenfalls richtig: Mit jedem Baby entsteht ein neues Leben, das eine Ich-Identität bildet. Es beginnt mit meiner Mutter, meinem Vater, meinem Namen, meinem Körper und geht so weiter. All das sind Anhaftungen und Vorstellungen, denn nichts von dem gehört wirklich mir. Eigentlich bin ich ein Teil des Ganzen, und erst die materielle Sicht des Ichs auf dieser Welt verursacht alle Anhaftungen und damit all die Probleme, die damit zusammenhängen. Würden Kinder schon von Anfang an richtig unterrichtet, wäre wohl das Chaos heute etwas kleiner für das Individuum und für das Ganze – denn in Wirklichkeit sind wir nicht getrennt von der Quelle, von Gott, vom Unendlichen.

Die individuelle Persönlichkeit entsteht erst mit einem Ich, das sich vom Ganzen abtrennt, sich separat sieht und empfindet. Was ich also für mich selbst halte, ist überhaupt erst in den ersten Jahren entstanden und bildet sich lange weiter – manchmal ein Leben lang. Dieses Ich, die Person, kann nicht schon vorher in einer Geistigen Welt oder einem vergangenen Leben auf der Erde existiert haben. Aber sie existiert nach dem Tode weiter in der Geistigen Welt bis zur völligen Erleuchtung, der Auflösung der Trennung.

Die „Seelenaspekte", das Karma, das der Seele mitgegeben wird, manifestiert sich und bildet eine der Grundlagen dieser neu entstehenden Persönlichkeit. Dieses Karma oder diese Seelenanteile können zurückverfolgt werden. Dadurch entsteht das Gefühl, als „eine Person" durch alle diese Inkarnationen gegangen zu sein.

In der indischen Philosophie wird die Seele als *Atman* bezeichnet – sie ist eins mit dem Ganzen. Der *Jiva-Atman*, die Seele im Körper, was wir Persönlichkeit nennen, bleibt nach meinem Verständnis in der Geistigen Welt – bis zur Erleuchtung. Wird die letzte Inkarnation erleuchtet, dann gilt das für alle Inkarnationen oder Persönlichkeiten zugleich. Das können Hunderte oder Tausende sein. Das wiederum erklärt den Begriff des Jüngsten Gerichts. Die Welt endet, wenn ich erleuchtet bin. Es ist also nicht nötig, Angst davor zu haben. Es ist ein vollkommen natürlicher Prozess von größter Schönheit.

Die Schöpfung wird als Illusion, als Maya bezeichnet. Wichtig ist hier zu verstehen, dass es nicht darum geht, dass diese vergängliche Realität nicht existieren würde. Sie existiert sogar sehr intensiv, solange da Anhaftungen sind. Es ist sehr wichtig, sich dieser vergänglichen Realität bewusst zu werden und den Unterschied zur unendlichen Realität außerhalb der Schöpfung zu begreifen. Die Grundlage der Schöpfung, der vergänglichen Realität, ist die Kraft des göttlichen Bewusstseins. In absolut jedem Teil dieses Universums – sei es sichtbar oder unsichtbar – ist der Kern, die Seele, das Ewige. Gott ist die Essenz von Allem, was existiert und Form hat.

Wir sind hier in einer physischen Inkarnation, und es ist essenziell für die Entwicklung des Einzelnen, dies zu erkennen und teilzunehmen – das Leben zu leben. In der spirituellen Entwicklung ist es das Wichtigste, „dass wir am eigenen Leben teilnehmen", und zwar dann und dort, wo es stattfindet. Wir sollten nicht abdriften in Vorstellungen, Träume und Emotionen.

Es gibt die Sicht der Trennung von Schöpfer und Schöpfung, welche in der Theorie richtig erscheint, aber nicht richtig sein kann, da ja Trennung nur in der Vorstellung existiert. Ich empfehle alle Sichtweisen, die eine Trennung unterstützen, abzulegen und zu erkennen, dass das alles Theorien sind. Aus meiner Sicht haben sie keine reale Grundlage. Die Idee der Trennung fand ich schon als Kind absurd, und das hat sich nicht geändert, sondern noch verstärkt.

Der Kopf ist nicht der Ort des Verstehens – schon eher das Herz. Noch besser ist es, wenn Geist und Körper vereint sind, ich im Jetzt bin und es keine Trennung mehr gibt. Erst dann ist die Grundlage von richtigem Verstehen gegeben. Alles andere ist Theorie und sollte nicht so ernst genommen werden wie es die Ersteller dieser Theorien möchten. Egal ob wir die Erzeuger dieser Theorien sind und uns Probleme und Situationen vorgaukeln, die nur in unseren Vorstellungen existieren und von Ängsten, Unsicherheiten, Hoffnungen und Ähnlichem gefüttert werden; oder ob andere ihre eigenen Theorien als „absolutes“ Wissen verkaufen und predigen.

Erst wenn wir selber das Jetzt entdeckt, erlebt und dauernd etabliert haben und uns der Vergänglichkeit der Trennung bewusst sind, ist die Grundlage für wahres Verstehen gegeben.

Beide Realitäten als das zu akzeptieren, was sie sind, die eine vergänglich und abhängig von den Anhaftungen, die es zu lösen gilt, und die andere unvergänglich, was unsere wahre Natur ist. Beide sind real in ihrem eigenen Sinne – auf die ewige wollen wir uns aber ausrichten. Auch Erleuchtete essen, trinken, schlafen, reden und nehmen am Leben teil. Es ist nicht so, dass ihnen das nicht klar wäre, aber es spielt keine Rolle mehr, da die Anhaftungen an das Ich vollkommen aufgelöst sind und darum alles nur noch erscheint, kommt und geht, was da vergänglich ist. Gegenüber der Schöpfung wird Gleichmut gelebt, weil das, was erscheint, eben keine Anhaftung mehr hat und darum das Ich aufgelöst ist – das auf diesen Anhaftungen basiert.

Das ganze Leben ist nur eine Projektion meiner eigenen Vorstellung. Darum endet die Welt mit der Erleuchtung. Der Erleuchtete hat erkannt: Alles kommt und geht, erscheint und verschwindet, ist vergänglich. Darum endet die Welt auch für alle anderen vorhergehenden Inkarnationen, die das gleiche Karma oder die gleichen Seelenanteile teilen. Das ist das Jüngste Gericht. Es ist nicht so dramatisch, wie es in der Bibel und speziell in der „Offenbarung“ beschrieben wird, sondern im Grunde der erwünschte Zustand der Befreiung. In vielen christlichen Philosophien wird da so viel Angst verbreitet, dass niemand die Erleuchtung suchen will und es auch nicht kann, weil sie in diesen Schriften gleichsam ausgeschlossen wird. Das ist ein sehr gutes Werkzeug, um Menschen zu versklaven.

Das Christus-Bewusstsein

In der Bibel heißt es: „Jesus spricht zu ihm: Ich bin der Weg und die Wahrheit und das Leben; niemand kommt zum Vater denn durch mich!“ (Johannes 14,6)

Dazu gibt es sicher viele Interpretationen von vielen Theologen. Ich verstehe es als Hinweis auf die Erleuchtung, die von einigen „Christus-Bewusstsein“ genannt wird. Es existieren nicht verschiedene getrennte Erleuchtete, sondern es gibt nur eine Erleuchtung, nachdem die Trennung als Illusion erkannt ist. Es ist überindividuell, jenseits des Vorstellungsvermögens.

Es gibt allerdings verschiedene Interpretationen dieses Zustands, je nach Religion; denn die unendliche Erfahrung wird interpretiert und somit durch Bildung und Wissensstand begrenzt. Darum ist es so wichtig, diese Sache möglichst unvoreingenommen zu definieren. Menschen, die erwachten, ohne etwas von den großen Traditionen mitzubekommen, haben meist ihre ganz eigenen Konzepte und Theorien. Was ihnen unvorbereitet und ungewollt widerfahren ist und als Erleuchtung, Einheit, Auflösung der Trennung beschrieben wird, gilt dann als der Weg.

Einheitserfahrungen sind wertvolle spirituelle Entwicklungen. Doch es gilt, sich vorher und nachher intensiv mit den verschiedenen spirituellen Traditionen auseinanderzusetzen und täglich zu praktizieren. Ich möchte meinen Schülern verschiedene Techniken vorschlagen, erklären, vorführen und zeigen können, welche sie auf ihrem ganz individuellen Weg weiterbringen. Sie motivieren und unterstützen auf ihrem spirituellen Weg, durch eigene Praxis und Anwendung und nicht durch Theorie. Umsetzen, anwenden und erarbeiten muss das jeder für sich selber. Niemand kann den Weg für seine Schüler gehen – man kann ihn nur aufzeigen. Je mehr wir in die spirituelle Entwicklung investieren, desto mehr gewinnen wir für unsere späteren Inkarnationen.

Zurück zum Christentum. Die Trennung von Gott geschieht eigentlich nicht durch die Geburt, wie die Kirche mit ihrem Begriff der Erbsünde lehrt, womit zugleich eine Verdammung des Körpers und der Sinnlichkeit verbunden ist, sondern im Kleinkindalter. Es ist eine natürliche Entwicklung, die offensichtlich nur beim Menschen stattfindet, da beim Menschen das körperliche System fest- und feinstofflich weiter entwickelt ist als bei allen anderen Lebewesen auf der Erde. Es soll Wesen geben, in Indien Avatare genannt, die bereits im Bewusstsein der Einheit auf die Erde kommen und diese Getrenntheit nicht mehr erfahren. Sie scheinen der normalen Entwicklung eines Menschen enthoben zu sein. Ihr LICHT erhellt die Erde.

Verfälschung der Lehre

Die Kirche sagt: Du kannst nur zu Gott kommen, wenn du Christus folgst. Gemeint ist: Wenn du dem folgst, was wir, die Vertreter der Kirche und des Glaubens, dir sagen. Das kann ich keinesfalls unterschreiben. Die Dogmen sind durch Menschen entstanden, die keine mystischen Erfahrungen hatten und nicht verstanden haben, worum es in Wahrheit geht.

Hier sehe ich einen Unterschied in östlichen und westlichen spirituellen Traditionen. Bei den Hindus und Buddhisten soll nur der die Lehre weitergeben, der selbst erwacht ist. So lautet zumindest das Ideal. Mir scheint, die Schriften in Yoga und Buddhismus sind reiner und gehaltvoller als die religiösen Texte im Westen. Allerdings gibt es auch heute noch christliche Mystiker. Ich stieß zufällig auf einen Text von Anselm Grün, der las sich wie Advaita Vedanta. Es gibt auch im Christentum Erleuchtete. Die müssten die geistige Führung der Gläubigen übernehmen.

Ego und Anhaftung

Du bist in der Geistigen Welt zunächst stark mit deiner Ich-Vorstellung identifiziert; denn der plötzliche Übergang bedeutet einen Schock. Der Körper ist weg und alles, was damit verbunden ist – das ganze Leben. Wer oder was bin ich jetzt? Ich greife nach meiner Ich-Identität im Geiste wie nach dem letzten Strohhalm. Vor allem, wenn ich nie einen Geschmack davon bekommen habe, etwa durch Meditation, dass das Leben auch ohne Ich-Vorstellung und Ich-Gefühl ganz gut läuft. Der Neuankömmling in der Geistigen Welt hält also womöglich besonders an dieser Idee fest – denn natürlich erscheint sie ihm vollkommen normal – er kennt ja nichts anderes: „Hier bin ich, ich muss sehen, wie ich weiter durch diese Situation komme, aber gleichzeitig werde ich von meinen Lieben, die vor mir gegangen sind, abgeholt und von meinen Geistführern und Freunden begleitet. Zudem ist die Energie in der Geistigen Welt überaus freundlich und angenehm offen. Da gibt es nichts mehr zu bekämpfen – trotzdem ist der Verlust des Lebens zu akzeptieren und zu verarbeiten.

In der Geistigen Welt gibt es weder Tage noch Nächte. Keine Jahreszeiten. Du kannst dich sehr in deine Vorstellungswelt zurückziehen, ohne gestört zu werden. Oder du kannst gesellig sein, dich mit anderen unterhalten und anfreunden. Das ist wie hier. In jedem Fall bleibt jeder der, der er ist. In der Geistigen Welt ist es auf der einen Seite noch herausfordender, die „falsche" Idee der Trennung vom Ganzen zu erkennen; denn hier ist das Leben oft sehr intensiv und holt uns abrupt oder sanft in die Realität der physischen Ebene. Hier sind die Schmerzen – seelisch wie körperlich – intensiv. Es braucht zum Teil starke Drogen und andere Mittel, um ihnen zu entfliehen. Es gibt die Möglichkeit von Erkenntnis auch in der Geistigen Welt. Tiefe und vielschichtige Erkenntnisse über das, was wirklich war im Leben. Erkennen, was wirklich war und geschah, schenkt Erkenntnisse, Vergebung und die Auflösung von Schuldgefühlen. Das ist es, was die Katholiken mit Fegefeuer meinen.

Es gibt eine Art geistiges Gesetz: Je stärker ich auf der Erde meinen Begierden folge, desto dunkler wird für mich schließlich das Leben, denn je tiefer ich in meinen Trieben, Ängsten und anderen Emotionen versunken bin, desto weiter weg scheint das Licht des Göttlichen. Wir flüchten uns immer mehr in die Trennung und kommen immer intensiver in die negative Spirale der Sucht, sei dies bezogen auf Macht, Abgrenzung und Verteidigungswahn, Arbeit, Gier, Wertlosigkeit, Unsicherheit, Geltung und anderes mehr. Je tiefer wir abgleiten in diese Süchte und versuchen, uns damit zu identifizieren, weil wir hoffen, da die Erlösung zu finden, desto dunkler wird es. Dieser Prozess führt weg von der Wahrheit, weg von der Einheit. Menschen, die sich so verirrt haben, müssen nach ihrer Ankunft in der Geistigen Welt, nach der Realisierung, dass es weitergeht, neu beginnen.

Wie wird es uns allen gehen, wenn wir da drüben ankommen und die vor uns Gegangenen bei uns vorbeikommen und uns aufzeigen, was wir gemacht haben oder wofür wie die Schuld tragen.

Aber natürlich gibt es auch die andere Gruppe von Geistwesen, die vielleicht vorbeikommt, um aufzuzeigen, was wir Gutes und Schönes verursacht haben.

Je mehr ein Mensch also hier auf der Erde sucht- und triebgesteuert ist, also sich in der Trennung verliert, desto stärker sind die Anhaftungen – die es ja eigentlich zu lösen gilt.

Buddha lehrte, die Mitte zwischen den Extremen als Orientierung zu nehmen. Doch er meinte damit, dass ich den Weg nicht im Äußeren, in der emotionalen Verwirrung suche, sondern in jedem Moment das achte und schätze, was ist. Im Grunde ist das Leben jedes Menschen in sich schon so angelegt, dass die Anhaftungen und Begierden im Alter nachlassen.

Die Idee der Wiedergeburt findet im westlichen Denken Resonanz, vor allem die Idee der Verbesserung von einem Leben zum nächsten. Was hier nicht geschätzt wird, ist das mit der Hindu-Philosophie verbundene Modell des Kastensystems. Wer in der Bettlerkaste geboren wird, bleibt dort sein Leben lang. Wer sich bemüht und das Beste gibt innerhalb seiner Kaste, wird im nächsten Leben mit einer höheren Kaste belohnt – so die Theorie.

Das ganze Leben in Indien und in vielen Teilen Asiens ist viel spiritueller ausgerichtet als hier, denn jeder kann jederzeit das Höchste erreichen – durch richtige Praxis oder durch Gnade. Das ist zumindest das Prinzip.

Unzählige herausragende Persönlichkeiten gab und gibt es, wie den großen Dichter und spirituellen Meister Kabir, der aus einer unteren Kaste kam und zeitlebens als Schuster arbeitete. In unserer Gesellschaft wird der Satz unterstrichen: Ich kann alles erreichen. Die meisten denken dabei aber nur an die weltliche Karriere. Wird das auf die spirituelle Entwicklung bezogen, hat es überall Gültigkeit. Jeder Mensch kann bewusst eins sein mit dem Göttlichen. Egal wie seine äußere Stellung ist.

„Folge unseren Geboten, dann kommst du in den Himmel. Befolgst du sie nicht, wirst du mit der Hölle bestraft!" Das ist kompletter Unsinn. In den Himmel kommt ohnehin jeder. Das ist die Geistige Welt. Und die Hölle ist bereits hier auf der Erde. Dafür brauchen wir Menschen niemanden – fast alle Menschen haben die Hölle schon selber erlebt in den Tiefen von übermächtigen Ängsten, Unsicherheiten, Wut, Zorn, Eifersucht, Lust, Gier und anderen Emotionen. Auch im Äußeren bereiten sich die Menschen gegenseitig und allen anderen Geschöpfen oft die Hölle. Wie schlimm soll es denn noch werden? Dasselbe Prinzip bieten die östlichen Religionen mit einer profanen Reinkarnationslehre an: Wer an Krishna oder Buddha glaubt, hat im nächsten Leben bessere Voraussetzungen für die Erleuchtung. Dieselbe Bauernfängerei. Nicht der Glaube macht es aus – sondern die Arbeit an sich selber und an anderen.

Das Leben ist kein Spaziergang. Wir sind nicht hier, um glücklich zu sein, sondern um zu lernen, dass wir Glückseligkeit, das Leben selbst sind. Sat-Chit-Anand (Sein-Bewusstsein-Seligkeit). Nicht das persönliche Glück steht im Mittelpunkt, sondern die Auflösung der Trennung, das Eins-sein mit allem, was ist.

11 Seele und Göttliches Bewusstsein

Ich möchte hier kurz auf den weiteren spirituellen Rahmen eingehen, in den meine Arbeit als Medium mit der Geistigen Welt eingebaut ist. Die Geistige Welt ist für mich nicht die höchste Realität, auch wenn dort das Leben scheinbar ewig ist. Solange ich überzeugt bin, ein selbstständiges, von allen anderen getrenntes Ich zu sein, bin ich zu sehr auf die vergängliche Realität ausgerichtet und in der Illusion, der Maya, den Anhaftungen und Vorstellungen gefangen. Das gilt auch für die Geistige Welt, wo die Verbindung zu den anderen Wesen enger ist und sich die Energien stärker vermischen als auf der Erde.

Seit vielen Jahren besuche ich verschiedene spirituelle Meister in Indien, Myanmar, Thailand und anderen Ländern, die meine Lehrer geworden sind. Das Wichtigste dabei ist die spirituelle Praxis, in der die Meditation ein wesentlicher Teil ist; denn nur was ich selbst erfahre und erlebe, hat einen bleibenden Wert und eine transformierende Kraft. Immer wieder den Geist und den Körper zusammenführen, so dass diese vollkommen synchron werden und sich das Jetzt – der Zustand des Yoga – für einen Moment einstellt. Das kann auch Samadhi genannt werden – Savikalpa-Samadhi (die vergängliche Versenkung).

Ein anderer Weg führt über die Auflösung von Körper und Geist im Unendlichen. Sobald sich der Geist mit dem Objekt vereint, löst sich die Getrenntheit für einen Moment auf, und die Realität des Jetzt wird wahrgenommen. Das ist im Grunde die Quintessenz des Yoga. Zunehmend verschwindet die Idee und Vorstellung des Getrenntseins, und ich werde mehr und mehr eins mit mir selbst – dem Ewigen.

Für verstorbene Verwandte und Freunde ist ein spiritueller Weg auch eine Hilfe. Sie bekommen Anregungen und Einsichten. Nicht nur hilft die Geistige Welt, sondern umgekehrt kommt auch Hilfe von uns zur Geistigen Welt.

Wenn ich erleuchtet werde, lösen sich alle meine Inkarnationen im Licht auf. Es hat aber auch einen Welleneffekt für alle, die mit mir irgendwie verbunden waren oder sind.

Atman – die Seele

Als ich eine Woche bei meinem fünfundachtzig Jahre alten Guruji Swami in Südindien war und er eine der Upanishaden vorlas und interpretierte, durfte ich erleben, wie das Verstehen Glückseligkeit ist. Es zeigt sich auf der Herz-, Körper- und Geistebene. Das war sehr inspirierend, und ich versuche, in seine Fußstapfen zu treten.

Die indische Philosophie ist vielfältig und reich an Erkenntnissen.

Aus den Veden, den wohl ältesten Überlieferungen der Seher (Rishis), haben sich sechs Grundphilosophien entwickelt. Eine davon heißt Sankhya, begründet von dem Weisen Kapila. Darin wird die Welt als eine stets neue Schöpfung aus dem allumfassenden Bewusstsein heraus erklärt. Bei der Erschaffung des Universums entsteht zuerst der Raum, Akasha, dann kommt die Dynamik hinein, das Prana. Dann gibt es drei Hauptkräfte, nämlich Tamas (Masse/Trägheit), Rajas (Bewegung, Nervosität) und Sattva (Ausgeglichenheit, Klarheit). Die meisten Menschen bewegen sich zwischen den beiden ersten Gegensätzen. Spirituelle Entwicklung bedeutet, dass man Tamas und Rajas in Ruhe lässt, denn das Universum ist bereits perfekt gemacht, und sich in Sattva verankert. Das ist allerdings immer noch ein Zustand (Guna). Von dort kann man in das Nirguna, in die Eigenschaftslosigkeit, „fallen" oder „rutschen". Turiya ist der höchste Bewusstseinszustand, eine Form von Befreiung.

Im eigenen Leben können diese Kräfte sehr wohl wahrgenommen werden. Trägheit, Müdigkeit und womöglich Faulheit wechseln sich ab mit Aufregung, Aktivismus und Nervosität. Wenn wir beide in Einklang bringen, entsteht die Ausgeglichenheit – Harmonie. Es braucht den Schlaf genauso wie die Bewegung. Wenn alles zusammenpasst, wird immer mehr Harmonie entstehen, welche dann zu höheren Erfahrungen führen kann. Sind wir aber nur in der Trägheit, Dumpfheit, die auch als Dummheit gesehen werden kann, geschieht nichts und nie etwas. Nicht umsonst ist Faulheit in allen Philosophien und Religionen als ganz großer Gegner der spirituellen Entwicklung bekannt. Auf der anderen Seite bringen auch Aktivismus, nervöses Getue oder Aggression nicht viel im Leben.

Man kann sich Tamas, Trägheit, auch als Masse vorstellen. Der Körper ist die Masse. Rajas hingegen repräsentiert die Bewegung, zum Beispiel des Blutes oder der Nerven. Sie hält den Körper am Leben und bewegt ihn durch Nervenimpulse an die Muskeln. Arbeitet beides perfekt, entsteht die Harmonie, und wir fühlen uns wohl und ausgeglichen. So kann auch der Weg Buddhas verstanden werden – in der Mitte – ausgeglichen zwischen den Kräften der Schöpfung.

Eine andere der sechs Richtungen ist der Yoga, wozu die bedeutendste Schrift von Patanjali gehört. Sie beginnt mit dem Satz: „Yoga ist das zur absoluten Ruhe kommen aller Gedanken." Im Jetzt verabschieden sich Sorgen und Probleme und treten in den Hintergrund. Sie verlieren an Kraft. Die Anhaftung ist für einen Moment weg. Keine Störung lenkt mich von der Realität der Einheit mit allem ab; denn Ablenkungen und Störungen sind all die Gedanken und Emotionen, die dauernd erscheinen, ob ich das will oder nicht.

Die dritte für mich wichtige Richtung ist Vedanta, wörtlich übersetzt „das Ende der Veden". Vedanta will zur unmittelbaren Erkenntnis jenseits aller Schriften und Überlieferungen vordringen. Es ist das Höchste und allumfassende Eine, Brahman, was unbegreiflich und unsichtbar hinter allem wirkt und es in genau diesem Moment – im Jetzt – möglich macht, dass diese Worte gelesen werden.

Wir sprechen in spirituellen Seminaren oft von der Seele. Sie ist unser unsterblicher Kern. In der westlichen Tradition ist die Psychologie die Seelenkunde. Doch dabei geht oft so einiges durcheinander. Mal sind die Gefühle gemeint, mal die Ich-Identität, die Persönlichkeit. „Seine Seele war gekränkt."

In den Upanishaden wird die unsterbliche Seele Atman genannt. Wenn sie in einem Körper ist, spricht man von Jiva-Atman, einer individualisierten Seele. Sie ist viel umfassender als das persönliche Ich. Das persönliche Ich sitzt gleichsam auf der Seele wie eine Schaumkrone auf dem Wasser, es schwankt und vergeht.

Geistige Kräfte

Der Unterricht in spiritueller Entwicklung dient dem Ausstieg aus dem Ego. Die Medialität gibt den Verstorbenen eine Stimme, denn bei ihnen herrscht viel Leid, und sie haben sonst keine Möglichkeit, mit ihren Hinterbliebenen zu sprechen.

Mit der spirituellen Entwicklung steigt deine Fähigkeit zur Konzentration. Durch die Erweiterung des Bewusstseins offenbaren sich dir diese Möglichkeiten in der Geistigen Welt ohnehin. Darum ist es gut, auf der Erde mit Meditation und Bewusstseinsübungen zu beginnen.

In der spirituellen Entwicklung – Medialität kann ein Teil davon sein – nehmen die geistigen Kräfte zu. In allen Traditionen wird auf die Versuchung hingewiesen, diese Kräfte – im Yoga auch „Siddhis" genannt – nicht mit dem Wesentlichen zu verwechseln. Der Yogi sollte sich nicht zu sehr auf sie fokussieren. Er könnte in Versuchung kommen, die magischen Kräfte zu missbrauchen, um Macht über andere zu bekommen. Laut der Bibel wurde auch Jesus in der Wüste bei seiner Meditation vom Teufel versucht. „Du kannst ruhig in den Abgrund springen, dir geschieht nichts, du wirst fliegen können! Du hast nun die Macht über alles Körperliche!"

So ist es für Sensitive, Medien oder Lichtarbeiter wichtig, den Unterschied zu verstehen zwischen etwas zu *kennen*, darüber zu *wissen* und etwas *realisiert* zu haben. Wer mit der Geistigen Welt arbeitet, wird bald an hohe Weisheiten kommen und viel Wissen erlangen. Etwas zu wissen, heißt noch lange nicht, es zu leben. Dieser Unterschied ist wichtig und sollte verstanden werden, denn sonst wird diese falsche Annahme zu einer Falle oder Sackgasse, weil man denkt, man sei so weit wie sein Wissen. Doch nur was gelebt und im richtigen Leben realisiert ist, das zählt.

Es gibt etliche Geschichten von Yogis und Magiern, die mit ihren besonderen geistigen Fähigkeiten Wunder vollbracht haben. Es gilt aber stets zu fragen: Wozu? Was will ich damit erreichen?

In vielen indischen Geschichten geht es darum, eine Illusion zu durchschauen; die Welt der Erscheinungen und was ich normalerweise „mein Leben“ nenne, als Maya zu erkennen.

Eine Geschichte über Maya

Narada war ein ergebener Schüler. Er hatte sich so sehr in spirituelle Übungen vertieft, dass ihm Gott Vishnu einen Wunsch erfüllen wollte. „Ich möchte den Schleier der Illusion, der Maya, durchschauen. Zeige mir, was Maya ist!“, begehrte der vorbildliche Schüler. Und schon fand er sich mit Vishnu, seinem Guru, in einer Wüste wieder. Sie wanderten dahin und wurden immer durstiger. Am Horizont tauchte eine kleine Hütte auf. „Lauf doch mal voraus und bitte dort um etwas Wasser für uns!“ Narada machte sich auf den Weg, erreichte das abgelegene Haus und klopfte an die Tür. Heraus trat eine wunderschöne junge Frau. Ihre großen Augen schienen ihm wie die seines geliebten Meisters, liebevoll und klar. Er vergaß völlig, weshalb er gekommen war. Die Frau bat ihn ins Haus hinein und stellte ihm die Familie vor. Niemand fragte ihn, woher er kam und was er wollte. Die Atmosphäre war so vertraut und herzlich, als hätte er hier schon lange gelebt.

Nach einigen Tagen bat Narada den Vater um die Hand seiner Tochter. Er heiratete, gründete eine Familie, arbeitete auf dem Feld und versorgte das Vieh. Im zwölften Jahr kam es zu einer Katastrophe. Der Monsun überschwemmte die Wiesen und Felder. Eine Flutwelle erreichte das Haus. Narada nahm seine Frau und die drei Kinder an die Hand und versuchte, durch das steigende Wasser einen Berg zu erreichen. Doch ein Kind nach dem anderen wurde von der Flut fortgerissen. Schließlich verschwand auch seine Frau in den gurgelnden Fluten. Narada fand sich halb bewusstlos an eine Anhöhe gespült. Rings herum nur noch schlammiges Wasser, alles verloren.

„Wo ist das Wasser, mein Schüler? Ich warte bereits seit einer halben Stunde!" War das nicht die Stimme seines geliebten Meisters? Tatsächlich. Da stand Vishnu, an jenem Ort in der Wüste, den Narada vor einigen Jahren verlassen hatte, um für seinen Guru und sich Wasser zu holen.

12 „Alle aussteigen!“

Wenn wir von einem spirituellen Weg oder einer Entwicklung sprechen liegt die Frage nahe, wohin denn eigentlich die Reise geht und ob sie jemals an ein endgültiges Ziel gelangt. Aus der Sicht der Person, die sich als Sucher versteht, ist die Frage verständlich. Immerhin wird ja in den spirituellen Traditionen die Erleuchtung versprochen. Auch wenn es da viele verschiedene Interpretationen gibt, es hört sich vielversprechend an. Da ist von ewiger Seligkeit die Rede, von dem Verschmelzen mit allem, mit Gott. Das leidende, sich sorgende Ich ist jedenfalls verschwunden. Wenn ich einige Monate und Jahre einer spirituellen Praxis folge, meditiere, Yoga praktiziere, lassen sich in der Regel einige Fortschritte feststellen. Man/frau wird klarer im Kopf, lässt sich nicht so leicht aus der Fassung bringen, kommt öfter in eine heiter-gelassene Stimmung.

Doch dass es immer so weitergeht, bis ich gleichsam vor Glück platze, ist nur eine Vorstellung. Schon die Idee, dass mein Leben immer besser wird, beruht auf der Annahme, dass es mich gibt, dass ich ein Leben besitze und alles wie auf einer geraden Linie in Richtung Zukunft läuft. Je weiter und offener das Bewusstsein wird, desto weniger gelten diese Konzepte und Vorstellungen des Verstandes. Auch die Worte und Begriffe haben nicht mehr die scheinbare Eindeutigkeit und Verbindlichkeit, wie sie für die meisten existiert. Die

Ebene der ewigen und unveränderlichen Realität zeigt sich immer mehr, und das bisherige Wissen tritt immer weiter in den Hintergrund. Das Mysterium wird stärker, ich weiß eher weniger als mehr. Die Idee von einem Ziel oder Ankommen verliert sich. Das Erreichen- und Habenwollen fällt zunehmend weg. Ich bin mir selbst nicht mehr so wichtig.

Doch nach außen hin kann die Präsenz und Energie stärker strahlen. Spirituell entwickelte Menschen wirken auf andere, je nachdem wie empfänglich diese sind. Für ein Medium wie mich ist es ein wunderbares Erlebnis, in Kontakt mit einem erleuchteten Wesen zu sein, das noch vor nicht allzu langer Zeit auf der Erde gelebt hat.

Erleuchtete Wesen feinstofflich erlebt

Osho

Gyan, eine gute Freundin von mir aus England, die leider schon 2009 von uns ging, war eine der ersten westlichen Schülerinnen von Osho. Wir haben unzählige Gespräche geführt und immer wieder über spirituelle Entwicklung, Yoga, die Geistige Welt und Medialität geredet. Gyan war ein begnadetes Medium. Einige Male an solchen Abenden, als wir darum baten, dass Osho zu uns kommen möchte, kam er auch. Mit meiner Medialität konnte ich ihn sehr gut wahrnehmen. Es besteht ein erheblicher Unterschied in der Wahrnehmung von «Verstorbenen» in der Geistigen Welt, die noch nicht erleuchtet sind, und Erleuchteten.

Osho kam immer als klare Lichtgestalt zu uns und ging auf die Fragen von Gyan ein. Als ihr Freund und Medium durfte ich „übersetzen“ oder bestätigen, was Osho sagte. Er war auch nach seinem Tod immer noch ihr Guru und Lehrer in der Geistigen Welt. Das Licht und die Energie-Ausdehnung eines Erleuchteten gehen weit über das Vorstellbare hinaus. Da sie nur noch wenige oder gar keine

Anhaftungen haben, gibt es auch keine «Dunkelheit» mehr in ihrem Wesen. Dies ist auch der Grund, warum Erleuchtete viel heller erscheinen als «normale» Geistwesen, die noch voller Anhaftungen und Vorstellungen sind.

Osho wollte immer wieder Gyan auf die Richtigkeit ihres Weges hinweisen. Auf dem Weg der Verwirklichung stellen sich oft ungewöhnliche und große Herausforderungen. Da ist es sehr hilfreich, wenn wir mit unseren Lehrern unser Vorgehen besprechen und unsere Zweifel ausräumen können. Wir können über Spirituelles, aber auch sonstige wichtige Aspekte unseres Lebens Anleitungen erhalten.

Es war eine wunderbare Erfahrung für mich, Zeuge dieser intimen Dialoge zwischen Meister und Schülerin sein zu dürfen.

Sri Aurobindo und „Mutter"

Als ich viel in Indien war, verbrachte ich auch immer wieder einige Wochen in Auroville. Das ist eine große spirituelle Gemeinde in Südindien in der Nähe von Pondicherry (Puducherry). Sie lebt nach den Lehren von Sri Aurobindo (1872-1950) und seiner spirituellen Gefährtin, die nur «Die Mutter» genannt wurde (Mira Alfassa, 1878-1973), ursprünglich eine Französin. Auroville ist über seine gesamte Fläche mit einem Durchmesser von etwa fünf Kilometern von einer einzigartigen Energie erfüllt, die ich anfangs nicht ein- oder zuordnen konnte. Als ich in einer Nacht länger meditierte, besuchte mich Sri Aurobindo. Er hieß mich in «seinem erweiterten Ashram» willkommen. Seine Erscheinung leuchtete hell und schwebte irgendwie im Raum.

Wenn ich mehrere Menschen in einem Raum sehe und medial eingestellt bin, unterscheide ich die Verstorbenen von den Lebenden, indem ich spüre, dass sie kein Gewicht mehr haben. Bin ich aber in einem Raum nur mit Geistwesen zusammen, kann ich das individuelle Licht der einzelnen Geistwesen erkennen, als Symbol ihrer spirituellen Entwicklung; denn jede Anhaftung und jede Vorstellung hat so etwas wie ein energetisches Gewicht und absorbiert Energie vom Licht des Trägers – des Geistwesens. Das ist ja auch einer der Gründe, warum Menschen, die spirituell erwacht sind, mehr Zuversicht und mehr Energie haben und ausstrahlen. Sie tragen weniger Last in Form von Anhaftungen mit sich.

Jede Anhaftung benötigt Energie zum Leben. Im Extremfall sind die Anhaftungen bei einem Menschen so stark, dass kaum mehr Lebensenergie übrig bleibt. Bei Geistwesen ist das ähnlich. Jede Anhaftung belastet und absorbiert Licht. Darum leuchten sie weniger. So habe ich gelernt, bei den Geistwesen ebenfalls zu unterscheiden, wie viel Last und Anhaftungen jemand noch mit sich trägt. In der Geistigen Welt sind wir alle selbstleuchtend, denn wir sind ja Licht. Ist die höchste Stufe der Erleuchtung erreicht, ist da nur noch Licht, das vom göttlichen Licht nicht mehr unterschieden werden kann. Je mehr Anhaftung, desto deutlicher und dunkler erscheint die Kontur. Wohlbemerkt, das hat nichts mit dem Wert eines Menschen oder eines Geistwesens zu tun, sondern nur mit der Menge an Karma, die jemand mit sich trägt.

Sri Aurobindo hatte definitiv nicht mehr viel Karma und war auf einer unglaublich hohen Stufe der Erleuchtung. Er gab mir Einblicke in sein Erdenleben und erklärte mir einiges zum Ashram in Pondicherry. Er zeigte mir dann die Grundidee von Auroville als «Stadt der Zukunft», wie es sie heute noch nicht gibt. Das eigentliche energetische Zentrum der Stadt war in dieser Vision ein feinstofflicher Kreis. Er befand sich einige hundert Meter über dem Matrimandir, jener wunderschönen goldenen Kugel, in deren Mitte man starke Meditationen erlebt. Vom feinstofflichen Zentrum führte eine Energiesäule direkt ins Matrimandir und füllte so den Ort mit zusätzlicher Energie. Auf physischer Ebene reichte vom Matrimandir aus eine kreisförmige Energie bis an die Grenzen von Auroville und – schwächer werdend – noch dreißig Kilometer darüber hinaus.

Auroville liegt wie unter einem Schutzschirm von Energie, der von Aurobindo, der Mutter und einigen spirituell hoch entwickelten Schülern aufrechterhalten wird. Aurobindo teilte mir mit, dass etliche seiner bereits gestorbenen Schüler für verschiedene Institutionen in seinem Ashram in Pondicherry zuständig sind. Als Geistwesen unterstützen sie die Bewohner von Auroville und alle diejenigen, die im Ashram tätig sind. Auch in diesem Moment spüre ich die Gegenwart von Aurobindo und seinen Appell, sich dem Materiellen aus einem in der Spiritualität zentrierten Bewusstsein zuzuwenden.

Ich möchte mich hier herzlich bei Sri Aurobindo bedanken für seine Unterstützung und seine Arbeit in der physischen Welt, und auch er möchte seinen Dank an alle, die dabei mitgemacht haben und mitmachen, hier nochmals zum Ausdruck bringen, denn Auroville ist ein lebendiges, leuchtendes und überaus aktives Zeugnis der «Hilfe der Geistigen Welt».

Als ich mich zwei Jahre später sechs Wochen in Auroville aufhielt und viel meditierte, besuchte mich einmal die «Mutter». Sie beobachtete meine Meditationspraxis und was sie für einen Einfluss auf mein Licht, meine Aura hatte. Auch sie hat mich zuerst liebevoll begrüßt, und ich war wirklich berührt, wie viel Liebe von dieser Frau aus der Geistigen Welt kam. Ich würde es heute mit der «Mutter Maria» vergleichen. Mein Guruji Paramapadma Dhirananda hat immer wieder gesagt, die Liebe einer Mutter sei der bedingungslosen Liebe Gottes am nächsten.

Wir haben uns darüber ausgetauscht, wie ich meditierte. Aurobindo – ihr Lehrer – hatte die «klassische» Meditation nicht in den Vordergrund seiner Lehre gestellt – so höre ich das von seinen Schülern.

«Mutter» zeigte mir einige der Projekte, die sie auch heute noch aus der Geistigen Welt heraus betreut. Auroville wurde erst nach Sri Aurobindos Tod begründet und war das Lebenswerk der „Mutter“. Auch sie erschien in einem sehr hellen Licht, schwebend im Raum.

Solche spirituellen Begegnungen finden häufiger statt, als wir denken. So war ich in Auroville Gast bei einer Familie, die ursprünglich aus der Ukraine kam. Die Gastgeberin erzählte mir ihre dramatische Geschichte. Als alleinerziehende Mutter eines Kindes, von ihrer Familie verstoßen, ohne Arbeit und ohne Wohnung, saß sie an einem kalten Morgen in einer Kirche. Da erschien ihr «Mutter» und lud sie ein, nach Auroville zu kommen. Die Frau war so überwältigt von dieser Erfahrung, dass sie umgehend einen Flug nach Indien buchte und nach Auroville fuhr. Da begrüßte «Mutter» sie ein weiteres Mal. Sie fand ihr Zuhause in Auroville und lebt da heute glücklich mit ihrer Familie. Solche Geschichten habe ich von den Bewohnern von Auroville öfter gehört.

Hariharananda

Während einer vierwöchigen Intensiv-Yogalehrer-Ausbildung hatte ich ebenfalls eine beeindruckende Begegnung. Es war in der letzten Woche. Ich fühlte mich völlig erschöpft, wusste nicht so recht weiter und zweifelte an allem. In der Nacht, als ich schon aufgeben wollte, erschien mir ein Mönch, der früher in diesem Ashram gewirkt hatte, und versuchte mich zu überzeugen zu bleiben. Ich war wirklich berührt. Es fühlte sich richtig gut an, und ich dankte dem Mönch, dass er gekommen war, um mich zu motivieren. Dann kam auch noch eine frühere Lehrerin aus England feinstofflich zu mir, Swami Dharmananda Saraswati, und zog mir liebevoll die Ohren lang. Da war es vollkommen klar, dass ich diese Ausbildung abschließen würde.

Hariharananda war der Lehrer meines Gurus Paramapadma Dhirananda. 1997 lernte ich ihn in Wien in einer feinstofflichen Version kennen. Sein Stellvertreter Prajnananda leitete den Kurs. Eigentlich hätte Hariharananda kommen sollen, aber er war schon vierundneunzig Jahre alt und konnte aus gesundheitlichen Gründen nicht nach Wien fliegen. So stand auf dem Podest ein leerer Stuhl für Hariharananda, der auch von den Indern als ein erleuchteter Meister verehrt wurde. Ich konnte ihn auf dem Stuhl ganz deutlich sehen. Er hat mich auch begrüßt, denn er hatte offensichtlich mitbekommen, dass ich ihn anstarrte. Dies war die erste Begegnung mit einem Erleuchteten auf einer feinstofflichen Ebene. Ich beobachtete, wie er den ganzen Raum mit seiner Präsenz erfüllte und seine Swamis in seinem Sinne handelten.

Hariharananda erschien mir noch ein weiteres Mal, viele Jahre später, ganz spontan. Ich setzte mich zur Meditation hin, da kam er in aller Ruhe auf mich zu, begrüßte mich, stellte sicher, dass ich wusste, wer er war, und gab mir dann einige Instruktionen für meinen spirituellen Weg, verabschiedete sich dann und ging wieder. Einige Wochen später war ich mit meinem Lehrer in Kalkutta in seiner Wohnung nach dem Frühstück alleine, und wir hielten eine kleine Konversation, in der ich ihm von dieser Begebenheit mit Hariharanda berichtete. Er wollte genau wissen, welche Instruktionen mir sein Guru gegeben hatte, und bestätigte dann die Richtigkeit der Anleitungen.

So hatte ich einige Begegnungen mit Erleuchteten in der Geistigen Welt, die mir meinen Weg immer wieder bestätigt oder mich inspiriert haben. Diese Hilfe steht uns allen immer zur Verfügung. Seien dies nun Erleuchtete, die wir zu Lebzeiten kannten, Geistführer oder Engel.

Der Ewige Moment

Das *Jetzt* ist jenseits des Verstandes. Es ist unmittelbar und direkt, doch wenn man versucht, es geistig zu erfassen, ist es bereits entwischt. Wir sind natürlich immer im Jetzt. Alle Gedanken, Sorgen, Erinnerungen oder Emotionen entstehen in diesem Moment und vergehen im nächsten. Psychologisch gesehen, ist die Gegenwart greifbar. Sie dauert – je nach Definition – drei bis fünf Sekunden. Solange braucht unser Gehirn, um eine kürzere Melodie oder einen gesprochenen Satz als Ganzes zu erfassen, ohne dass wir uns erinnern müssen.

Doch wenn zum Beispiel ein Mystiker wie Meister Eckhart vom „Ewigen Nu" spricht, meint er etwas, was über Psychologie weit hinausreicht. Es ist das, was unabhängig von allem, was überhaupt geschieht oder wahrgenommen wird, immer dasselbe bleibt, unvergänglich. Jenseits der Zeit. „So empfängt er nichts Neues von künftigen Dingen noch von irgendeinem »Zufall«, denn er wohnt in einem Nun, allzeit neu, ohne Unterlass. Solche göttliche Hoheit ist in dieser Kraft."

In unserer Zeit hat sich vor allem Eckhart Tolle mit seinem Buch „Jetzt" dem Thema gewidmet. Er zählt zu den bekanntesten spirituellen Lehrern der Gegenwart. Der praktische Aspekt, den wir hier auch schon angewendet haben, ist die Übung, „sich im Jetzt zu verankern":

„Wenn du deine Aufmerksamkeit so viel wie möglich im Körper hältst, dann bist du im Jetzt verankert. Du verlierst dich weder in der äußeren Welt noch in deinem Verstand. Gedanken und Gefühle, Ängste und Wünsche können dann zwar noch da sein, aber sie überwältigen dich nicht."*

„Wie hört man auf, Zeit zu erschaffen? Erkenne zutiefst, dass dein ganzes Leben sich im gegenwärtigen Moment abspielt. Stelle das Jetzt ins Zentrum deines Lebens. ...Sage immer „Ja" zum gegenwärtigen Moment."**

Das ist der praktische Aspekt. Wenn mich jemand fragt: Gibt es ein letztes und höchstes Ziel auf der spirituellen Reise? Dann antworte ich: Dieser Moment ist alles, was ist. Doch solange die Identifikation mit einem Ich besteht, wird dieses Ich sich auch vom Jetzt getrennt fühlen.

Das Jetzt ist unsere Heimat, das höchste Ziel, das nie jemand erreichen kann, weil es immer schon ist. Wache auf, jetzt!

---

* Eckhart Tolle, Jetzt, Kraft der Gegenwart, S. 142

** Jetzt, S. 46f.

Teil 5
Andere Kulturen und die Geistige Welt

Alle Kulturen zu allen Zeiten kannten eine geistige, jenseitige Welt, in der sich auch die Verstorbenen aufhielten. Gerade in den frühen Epochen der Menschheit scheint die Grenze zwischen der irdischen und der jenseitigen Welt besonders durchlässig gewesen zu sein. Schamanen nahmen regelmäßig Kontakt mit den Geistern von Ahnen auf und nutzten deren Kräfte zur Heilung von Krankheiten oder zur Lösung von Problemen.

In den Hochkulturen, die sich in China, Indien, Mesopotamien und Ägypten vor etwa 5000 Jahren entwickelten, gehörte es zum Privileg einer Priesterkaste, mit dem Jenseits zu kommunizieren. Die „Grenze“ wurde also gleichsam kontrolliert. Eine Frage wurde allerdings immer dringlicher gestellt: „Was geschieht mit mir nach dem Tod des Körpers?“ Ein gutes Beispiel dafür ist das „Ägyptische Totenbuch“. Nicht nur die Pharaonen, sondern jeder, der genug dafür zahlen konnte, erhielt als Grabbeigabe eine Art Anleitung, wie er das Beste aus der Situation machen konnte, inklusive möglicher Ausflüge in die Welt der Lebenden.

Vor etwa 2500 Jahren entstanden einige der Religionen, die bis heute großen Einfluss auf das Leben der meisten Menschen haben. Hinduismus, Buddhismus, Taoismus im Osten, Judentum, Christentum und schließlich, etwas später, der Islam im Westen. Allen zugrunde liegt die Frage: Was geschieht mit mir nach dem Tod? Die Antworten sind verschieden, doch in allen Weltreligionen wird an ein Weiterleben nach dem Tod in einer besonderen Welt geglaubt.

Ich möchte hier einige der „Geistigen Welten“ kurz vorstellen. Was sind die Gemeinsamkeiten, wo gibt es bedeutsame Unterschiede? Was davon ist für uns heute wichtig? Was sind wichtige Hilfen aus der „übergeordneten“ Geistigen Welt?

13 Schamanismus

Bereits vor über 30.000 Jahren gab es in den meisten Stammeskulturen rund um die Erde Schamanen und Schamaninnen. Ihre Aufgabe war es, Menschen zu heilen und zu beraten, und zwar mit Hilfe der jenseitigen, „geistigen" Welt. Aus dieser frühen Zeit der Menschheit gibt es nur wenige Zeugnisse. Höhlenmalereien, Ton- und Steinfiguren in bestimmten Trancehaltungen, Knochenflöten und Masken. Allerdings haben sich in einigen indigenen Kulturen die schamanischen Traditionen bis heute erhalten. Ethnologen haben die Rituale und Methoden der Schamanen in der Mongolei, am Amazonas, in den Anden, im australischen Outback sowie bei den Inuit im Norden Kanadas erforscht und darüber Bücher geschrieben. Zudem ist in den vergangenen Jahrzehnten ein vielseitiges Angebot entstanden, das als Neo-Schamanismus bezeichnet werden kann.

Trance

Der Bewusstseinszustand, in dem Schamanen „arbeiten", wird meist als „Trance" bezeichnet. Wir Medien kennen derartige veränderte Bewusstseinszustände, wie schon zuvor beschrieben. Trance kann durch bestimmte Methoden ausgelöst werden. Am bekanntesten, einfachsten und effektivsten ist der monotone, gleichmäßige Schlag der Schamanentrommel. Er wirkt in gewisser Weise einschläfernd. Nachweislich verlangsamen sich dabei die Gehirnfrequenzen. Für den normalen Wachzustand (Beta-Wellen) werden zwischen 15 und 38 Hertz (Schwingungen pro Sekunde) gemessen, wobei die höheren Frequenzen für Unruhe, die tieferen für Klarheit stehen. Im entspannten Halbschlaf, beim Tagträumen und in der Meditation schwingt unser Gehirn in Alpha-Wellen (8-14 Hz), im Traum im Thetabereich (4-7 Hz) und im Tiefschlaf im Deltabereich (0,5-3 Hz). Diese Frequenzen treten oft in Kombinationen auf, also etwa Delta in Verbindung mit Alpha, was einer tiefen Meditation mit starken Eingebungen entsprechen kann. Darüber hinaus wurden bei tibetischen Mönchen in tiefer Meditation auch hohe Frequenzen um 100 Hz gemessen, sogenannte Gamma-Wellen, die bei transzendenten, mystischen Erfahrungen auftreten können.[4]

Wird die Trommel gleichmäßig vier Mal pro Sekunde geschlagen, löst das in der Regel schon nach einigen Minuten einen tranceartigen Bewusstseinszustand zwischen Wachen und Schlafen aus. So ist das zu hören auf den CDs von Prof. Michael Harner, der 1971 in den USA die 'Foundation of Shamanistic Studies' begründete. Er und sein Schüler Paul Uccusic aus Wien trugen dazu bei, dass der Schamanismus hierzulande so populär wurde, dass *Schamanisches Reisen* sogar in Volkshochschulen angeboten wird.

Die schamanische Reise wird nach einfachsten Vorkehrungen angetreten und von über 80% der Seminarteilnehmer mit konkreten Ergebnissen abgeschlossen. Wenn ich eine solche Reise anleite, schlage ich die Trommel am Anfang fünfmal langsam und fest. In dieser Zeit liegen oder sitzen die Reisenden still wie bei einer Meditation, die Augen sind geschlossen. Jeder sucht einen Eingang in die untere Welt, und schon bald zeigt sich eine Fels- oder Baumhöhle, ein Erdloch. Der gleichmäßige und ruhige Schlag der Schamanentrommel übernimmt. Der Reisende rutscht durch die Öffnung in die 'Untere Welt'. Was immer gesehen und erlebt wird, es scheint vollkommen real. Am Ende der Reise trommle ich wieder fünf Mal lauter und langsamer als Zeichen für den Reisenden, zurückzukommen, und zwar auf dem gleichen Weg, den er zuvor gegangen ist.

Reise oder Traum?

Ein normaler nächtlicher Traum ist meist verworren und nebulös. In der schamanischen Reise jedoch ist alles klar und scheint logisch, aufgrund des veränderten Bewusstseinszustandes. Manchmal haben wir Visionen in der Nacht anstelle des Traumes. Die erscheinen dann ebenfalls sehr real und bleiben meist lebendig in Erinnerung. So ist es auch bei schamanischen Reisen. Es liegt irgendwo zwischen einer Vision und einem Traum. So können wir mit der schamanischen Reise in eine andere Ebene gelangen, wo wir Hinweise unserer Seele erhalten auf aktuelle Fragen in unserem Leben. Wir können Krafttiere erblicken, unseren Ahnen begegnen und dabei auch Muster und Blockaden in uns erkennen und möglicherweise lösen. Die Schamanen haben ein Werkzeug gefunden, das wir heute in der modernen Medialität wieder auf ganz andere Art und Weise einsetzen, um Menschen zu helfen.

Der folgende Bericht stammt von einem jungen Mann, der ohne schamanische Vorkenntnisse während eines Volkhochschulkurses 'gereist' ist:

„Ich stehe auf meinem gewohnten Platz in der Natur. Der Felsschlund steht weit offen. Der Klang der Trommel zieht mich hinein. Zuerst ist es finster im Gang, dann kommt so etwas wie Licht von den Seiten. Es ist eng, aber irgendwie gelange ich weiter. Dunkle, zähschleimige Massen rinnen von den Wänden oder schmieren sich den Fels entlang. Ich möchte fort, aber die Trommel zieht mich weiter hinunter. Irgendwas greift nach mir, ich rutsche schneller – schließlich erscheint am Ende des Tunnels ein Licht, und ich trete aus dem engen Rohr heraus. Kurz sehe ich mich um, da steht schon ein Reh. Ich steige auf, los geht der Ritt durch eine phantastische

Landschaft: Berge aus Kristallen, smaragdgrüne Seen, grandiose Wasserfälle, übermannsgroße Orchideen – eine Zauberwelt. Die Trommel endet. *Ich* verabschiede mich von meinem Reh und kehre zurück. Es ist nahezu unglaublich."[5]

Absicht

So phantastisch und spannend sich eine solche Reise gestalten mag, sie soll nicht der Unterhaltung oder einer Flucht vor Problemen dienen, sondern ist immer mit einer klaren Zielsetzung verbunden. Schamanen „reisen" nicht zum Spaß, sondern um im Dienste der Gemeinschaft Antworten auf drängende Fragen zu finden oder zu heilen. Eine simple Frage wie: 'Soll ich meinen Job wechseln?' verwandelt sich bekanntlich durch zweifelndes Hin- und Herüberlegen und alle möglichen Ratschläge von Bekannten leicht in ein ausweglos scheinendes Problem.

Andersherum hilft es ungemein, eine verworrene Situation auf das Format einer klaren, einfachen Frage zu bringen, wobei ein erfahrener Schamane beraten kann. Ist die Frage auf den Punkt gebracht, wird sie vor Antritt der Reise dreimal innerlich formuliert und mit in die 'Nichtalltägliche Wirklichkeit' genommen. Dort kommt die Antwort in Form von Worten, Gesten oder Bildern von einem 'Lehrer', der als vermummte Gestalt, als Mensch oder als Tier erscheint.

So arbeiten heute Sensitive in einem veränderten Bewusstseinszustand bei Aura-Readings als eine Art Spiegel der Realität des Klienten und zeigen eine andere Sichtweise. Nur auf uns selber bezogen, sind wir gleichsam betriebsblind, sehen nur, was im bisherigen Rahmen liegt und nicht, was möglich wäre. In einer Standortbestimmung oder einem Aura-Reading gehe ich oft in alle Bereiche eines Menschen und zeige ihm auf, bei welchen Themen er feststeckt oder etwas übersieht. Gerade in Beziehungen zu Partnern oder Kindern kann das wirklich sehr helfen.

Die schamanische Reise kann in die Ebene der Geistigen Welt führen, bleibt allerdings letztlich immer auf den Vorstellungshorizont des Lebenden begrenzt. Die Geistige Welt besteht ja nicht nur aus Verstorbenen und Geistführern, sondern ist eine vielschichtige, unendliche Dimension. Darin kann unsere Vorstellung zur persönlichen Realität werden. Deshalb sind bei diesen Reisen auch ganz fantastische und verrückte Sachen möglich, die im richtigen Leben vom Verstand nicht zugelassen und abgeblockt werden.

Wie bei jeder geistigen Arbeit ist auch bei der schamanischen Reise die Absicht das Wichtigste. Welchem Ziel dient die Reise oder die Begegnung mit Geistführern? Das muss geklärt sein. In meinen Seminaren lasse ich das vor der Reise dreimal wiederholen.

Über den Tod hinaus?

Gibt eine solche Reise Einblicke in den Zustand nach dem körperlichen Tod? Sie kann, wie jede Reise, helfen, den eigenen Horizont zu erweitern. Der tatsächliche Eintritt in die Geistige Welt ist in jedem Fall anders als jede Simulation und Vorbereitung; denn nur der tatsächliche physische Tod löst die Verbindung zum Körper. Das Unterbewusste weiß sehr wohl, wenn es kein Zurück mehr gibt.

Einige (Neo-) Schamanen in Deutschland sehen ihre Aufgabe darin, Sterbende zu begleiten – zum Beispiel im Hospiz – und dabei auf eine Schamanische Reise zu führen. So schreibt Stefan Klemenc alias Apu Kuntur: „Während einer schamanischen Reise ins Totenreich zu sterben, ist der beste und schnellste Weg für den Sterbenden, den Übergang zu bewerkstelligen.“[6]

Es gibt Studien von Wissenschaftlern, in denen empfohlen wird, Sterbenden LSD zu geben – als Vorbereitung auf den Tod. Der Schweizer Psychiater Peter Gasser setzt den Stoff bei Sterbenskranken ein. Alle beschrieben die LSD-Erfahrung vor ihrem Tod als Bereicherung. Ob das Halluzinogen je Platz findet in unserer Sterbekultur – am Ende wird wohl die Politik entscheiden.[7]

Einige Schamanen begleiten in einer eigenen Reise die Seele des Verstorbenen und führen sie wenn möglich zum Licht. Gerade weil sich die Menschen in längst vergangenen Kulturen viel direkter und intensiver mit dem Tod und einem Leben danach befasst haben als heute, bin ich sicher, dass Schamanen zu allen Zeiten die Seelen der Verstorbenen angeleitet haben. Das beste Beispiel dafür ist wohl das Tibetische Totenbuch.

Immer wieder spielt in den Jenseitsbeschreibungen das Licht am Ende eines Tunnels die zentrale Rolle. Je tiefer wir in unseren Anhaftungen, Ängsten und Vorstellungen gefangen sind, desto weiter sind wir vom hellen, klaren Licht Gottes entfernt. Ich sehe darin eine Metapher für die Auflösung aller Dunkelheit im Geist. Der Reisende – das sind wir alle, stets auf der Reise – gelangt von dunklen Vorstellungen, Mustern und Blockaden hin zu einer Öffnung für die Realität der Unendlichkeit im Schoß Gottes, des reinen Lichtes, vollkommen und unendlich. Aus dem Denken heraus in eine tiefe und reale Entspannung jenseits des Verstandes.

Fragen und Antworten

In Kontakt mit der Geistigen Welt möchte ich auf einige Fragen eingehen.

Sind heutige Schamanen eine Brücke zur Geistigen Welt?

Es gibt eine „schamanische" Medialität. Die heutigen Schamanen sind oft auf Abgrenzung und Trennung bedacht, wo keine ist. Das Leben nach dem Tod und die Kommunikation mit den Verstorbenen war und ist bei den indigenen Völkern ganz normal. Zwar immer noch kontrolliert durch Schamanen, aber auch praktiziert und gelebt von vielen Menschen im selben Dorf. Medialität erweckte bei den Urvölkern nie einen Ein- oder Widerspruch. Der kam erst, als einige Schamanen und später die Priester mehr Macht und

Kontrolle über ihre Mitmenschen wollten. Doch im Grunde können die Ahnen in der Geistigen Welt nicht durch solche Glaubenshüter kontrolliert werden. Die Kommunikation mit Verstorbenen wurde in Verruf gebracht, doch sie geben ihre Liebe und Ratschläge wie eh und je.

Wie können Schamanen und schamanisches Reisen helfen?

Mit schamanischen Reisen können den Menschen tieferliegende Wahrheiten auf „spielerische" und doch sehr reale Art und Weise näher gebracht werden. Dringende Fragen werden beantwortet, Trauer wird aufgearbeitet – und es geschieht Heilung. Die Verbindung zum Höchsten, zur eigenen Wahrheit, kann so vertieft werden.

14 Das Ägyptische Totenbuch

Wohl kaum eine Kultur hat sich derart intensiv mit dem Tod und dem Leben danach auseinandergesetzt wie die der alten Ägypter. Wir kennen alle die imposanten Pyramiden. Grabdenkmäler. Gigantische quadratische Hüte aus Stein über einer Mumie. Das ist das äußere Bild. Dahinter pulsiert eine tiefe Leidenschaft für das Leben. Ewiges Leben.

Anfangs war es vermutlich der Geltungsdrang eines Pharaos, sich ein Weiterleben nach dem körperlichen Tod zu sichern. Körperliche Unversehrtheit galt als Garantie dafür. Daher wurde die Einbalsamierung perfektioniert. Die erste Dynastie begann nach ägyptischem Verständnis mit Pharao Menes ab 3032 vor Chr. Insgesamt 31 Dynastien herrschten in fast 2800 Jahren ägyptischer Geschichte.

Auch nach dem Tod gut leben

Wie sehe ich aus? Wie rieche ich? Wie attraktiv bin ich? Das waren die wichtigen Fragen der meisten altägyptischen Menschen – stark sinnlich und an irdischen Freuden orientiert. Nicht weit weg von dem, was wir heute erleben. Doch das sollte auch nach dem Tod das zentrale Anliegen sein: Weiterhin gut leben. Die Reichsten und Mächtigsten hatten da die erste Wahl. Beste Grabkammern und Beigaben, Top-Mumifizierung, erstklassige Darstellung des bisherigen Lebens und super-praktische Anleitungen zur Optimierung des zukünftigen Lebens im Totenreich. Doch auch der Normalmensch konnte sich ein paar schmucke und wegweisende Grabsprüche leisten. Aus solchen Anleitungen für die richtige Lebensführung im Grab, individuell zugeschnitten, besteht das uns überlieferte „Ägyptische Totenbuch". Der Originaltitel lautet „Heraustreten in das Tageslicht". Das deutet bereits hin auf den Wunsch und die Möglichkeit des Verstorbenen, die Welt der Lebenden zu besuchen.

Wie in anderen Hochkulturen – Babylon, Indien, China – wurde der Mensch auch im Reich der Pharaonen als ein aus Körper und Seele zusammengesetztes Wesen begriffen. Die Körperhülle (Chet), der Name (Ren) und der Schatten (Schut) gehören zu den sterblichen Teilen, die seelischen Aspekte Ka, Ba und Ach zu den unsterblichen. Ka ähnelt äußerlich dem gestorbenen Menschen und versorgt ihn im Jenseits mit Nahrung. Möglicherweise eine Art Vitalkörper. Ba ist mit dem Herzen des Menschen verbunden. Das Herz galt den Ägyptern als Sitz von Seele, Geist und Erinnerung. Ba verlässt den Körper nach dem Tod. Entscheidend ist: Die Ba-Seele begehrt Einlass in die Unterwelt, braucht aber dazu den Körper. Sie kann nur zu ihm zurückkehren, wenn sie ihn wiedererkennt, das heißt, wenn er noch erhalten ist. Im *Ach* vereinen sich diese Teile durch die Körperhülle, und der Tote gehört nun als ewige Seele zum Bereich der Götter. Das Grab ist wie ein Wohnhaus für den Toten.[8]

Die Pharaonen galten schon zu Lebzeiten als „Söhne der Götter" mit besonderen Fähigkeiten, Privilegien und Freiheiten. Nach dem körperlichen Tod konnten sie sich – so der Glaube – aufgrund der aufwändigen Mumifizierung weiterhin frei in einer sichtbaren Körperhülle bewegen. Sie konnten sich mithilfe der Zaubersprüche, die auf den Innenwänden ihrer Grabkammer geschrieben standen, in Götter verwandeln.

Einige Sprüche

Ab etwa 2000 v. Chr. durften auch normal Sterbliche sich einbalsamieren und mit magischen Sprüchen versorgen lassen. Die standen (ab 1500 v. Chr.) meist auf Papyrusrollen oder wurden auf die Mumienbinden und Grabtücher geschrieben. Die Sprüche waren streng geheim. Würden sie anderen bekannt werden, wäre ihre Zauberkraft verloren. Der „Spruch der verborgenen Wohnstätte", der unter den Kopf des Verstorbenen gelegt wurde, ist dafür ein Beispiel:

O Amon, Amon! Vom Himmelsgewölbe
Schaust du zur Erde herab.
Wende dein strahlendes Antlitz zur starren, leblosen Hülle
Deines Sohnes, des vielgeliebten!
Mache ihn kräftig und siegesbewusst
In den Unteren Welten!

Die Ba-Seele musste einige Prüfungen bestehen, bevor sie sich mit dem mumifizierten Körper vereinen konnte. Zunächst galt die Sorge dem Erhalt des Körpers, denn wie sollte man ohne physische Hülle leben können? Oder wie sollte man weiterhin seine Felder bestellen ohne Arbeitskräfte? Die wurden in Form von kleinen Tonfiguren zur Verfügung gestellt. Auch sie waren mit Zaubersprüchen beschriftet. Eine rein geistige, körperlose Existenz war in der Vorstellungswelt der alten Ägypter unbekannt und wohl auch nicht erstrebenswert.

In den „Geheimlehren", wie sie Elisabeth Haich in ihrem berühmten Roman „Einweihung" beschrieben hat, reicht der geistige Horizont sehr viel weiter.

Zu den 190 Totenbuch-Sprüchen gehören „Abwehrsprüche" gegen Krokodile und Schlangen sowie die Sprüche „den Leichnam nicht vergehen zu lassen" und „nicht noch einmal zu sterben im Totenreich" (Spruch 44). Der Triumph des Toten über seine Feinde nach dem mythischen Vorbild des Totengottes Osiris, der ebenfalls über seine Widersacher siegte, bildet das Hauptmotiv von Spruch 18. Auch die Versorgung des Verstorbenen mit Wasser, Speise, Atemluft oder Kleidung sind wiederkehrende Themen. Es gibt Sprüche der Verwandlung (76-78 und 80-88), wo sich die Seele in Gestalt einer Schlange oder eines Krokodils regeneriert und Kraft erhält. Andere Sprüche sollen den Verstorbenen zu einem Verklärten (*Ach*) machen (Spruch 91), ihn durch die Vereinigung von Mumie und *Ba*-Seele (als Vogel mit Menschenkopf dargestellt) neu beleben (Spruch 89) oder verschiedene Körperteile wieder funktionstüchtig machen (Spruch 26). Der Tote möchte außerdem zu den Göttern gehören und mitten unter ihnen wohnen (Spruch 104). Er möchte sich im Reich der Lebenden bewegen (Spruch 91 und 92). Das ist allerdings nur tagsüber möglich – daher der Titel: „Heraustreten ins Tageslicht". Abends wird die Seele von der Barke des Gottes Re aufgenommen und durch die Unterwelt geführt.

Das Gericht der Götter

Im Totenbuch werden auch Orte beschrieben, beispielsweise „paradiesische" Gefilde in Spruch 109 und 110, ein Feuersee in Spruch 126, Tore mit ihren dämonischen Wächtern, die der Verstorbene passieren muss und dank seines Wissens auch kann (Spruch 144-147; vgl. Abb. 5), oder die „vierzehn Hügel" des Jenseits (Spruch 149).

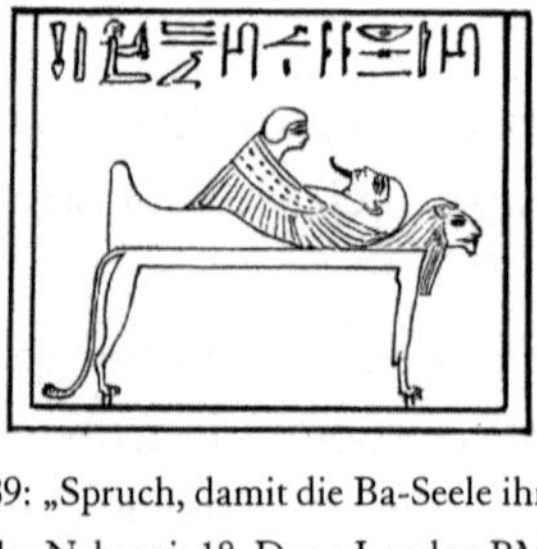

Abb. 4 Vignette zu Spruch 89: „Spruch, damit die Ba-Seele ihren Körper berührt" (Papyrus des Nebseni; 18. Dyn.; London BM 9900).[9]

Die entscheidende Phase auf dem Weg zur Aufnahme in den Kreis der Götter war das Gericht, wo das Herz des Verstorbenen auf die Waagschale gelegt wurde. Zweiundvierzig Götter beurteilten den Gestorbenen nach seiner Lebensführung. Auf Vignetten zum Spruch 152, die den Toten mitgegeben wurden, sind einige der richtenden Götter abgebildet, mit Namen und Aufgabe. Sie waren für unterschiedliche Verbrechen zuständig, manche für Raub und Mord, andere für Gotteslästerung. Hier sind drei Beispiele:

„Ich bin Horus von Jahrmillionen! // Zu euch entsend ich die Glut meiner Strahlen, // Auf dass eure Herzen sich kehren zu mir."

„Ich bin das Heute. // Ich bin das Gestern. // Ich bin das Morgen. // Meine wiederholten Geburten durchschreitend // Bleibe ich kraftvoll jung."

„Seele bin ich, dem Himmelsmeere entstiegen, // Auch der Götter Nektar, Hu-Gott, der das Böse verabscheut. // Wahrheit-Gerechtigkeit folgend streb ich nach Gutem. // Mein heiliger Name, der Name der göttlichen Seele – // Ist rein von Makel"[10]

In der berühmten Szene des Totengerichts im Totenbuch des Pajuheru führt die Göttin Maat den Verstorbenen vor Osiris, der links auf seinem Thron sitzt. Vor ihm stehen die vier Horussöhne auf einer Lotosblüte. In der Mitte der Szene steht die Waage. Auf der linken Waagschale liegt die Feder der Maat, auf der rechten das Herz des Totenbuch-Besitzers. Dazwischen stehen Anubis und Horus als Wägemeister. Der ibisköpfige Thot protokolliert das Ergebnis. Vor Thot lauert die „Große Fresserin" Ammit, um das Herz des Verstorbenen zu fressen, falls es schwer von Sünden sein sollte (was natürlich dank des Totenbuches nicht passieren wird). Oben sitzen die 42 Götter des Totengerichts.[11]

Für diese heikle Situation des Gerichts gibt das Totenbuch Hilfe mit dem „negativen Sündenbekenntnis". Es bezeugt, was der Prüfling nicht getan hat:

Nicht hab ich bewirkt das Leiden der Menschen,
Noch meinen Verwandten Zwang und Gewalt angetan.
Nicht habe ich das Unrecht an die Stelle des Rechtes gesetzt,
Noch Verkehr gepflegt mit dem Bösen.[12]

Erst wenn das Totengericht unter der Leitung von Osiris überzeugt war, dass der Verstorbene ein rechtschaffenes Leben geführt hatte, durfte er in einem glücklichen, beseelten Zustand in den Iaru-Gefilden der Unterwelt leben. Er war nun ein Verklärter, ein vergöttlichtes Ach-Wesen, der den Göttern ins Antlitz schauen durfte.[13]

Isis und Osiris

Die Tradition, den Verstorbenen Zaubersprüche und Anleitungen für ein gutes Leben im Jenseits mitzugeben, ist in Ägypten für gut 2.500 Jahre belegt. Ab dem 1. Jahrhundert nach Chr. sind keine Totenbücher mehr überliefert. Allerdings hat die Mystik der Ägypter noch bis ins 6. Jahrhundert nach Chr. die Kultur des Mittelmeerraums mitbestimmt. Vor allem ein Götterpaar war berühmt und wurde kultisch verehrt: Isis und Osiris. Römische Legionäre brachten den Isis-Osiris-Kult sogar bis nach Germanien und Britannien.

Aus dem Ägyptischen Totenbuch und anderen Quellen geht hervor, dass Osiris ein gerechter Gott-König war, der von seinem neidischen Bruder Seth ermordet wurde. Seine Leiche wurde zerstückelt und die Teile über alle Provinzen des Landes verstreut. Seine Schwester und Gemahlin Isis sammelte die Körperteile und fügte sie zusammen. Durch Zaubersprüche erwachte der Körper kurz zum Leben. Auf der „Löwenbahre" liegend, zeugte Osiris mit Isis, die in Gestalt eines Falken über ihm flatterte, den Sohn Horus. Anschließend ging Osiris in die Welt der Toten und wurde dort Herrscher über die Unterwelt. Horus besiegte später Seth, der auch als Satan galt, rächte so den Mord an seinem Vater und wurde zum Herrscher der Oberwelt.

Plutarch (45-125 n. Chr), ein bekannter griechischer Philosoph, sah in Osiris das Unwandelbare, in Isis das Wandelbare und in Horus den Kosmos als Ergebnis eines ewigen Schöpfungsaktes. „Das daraus geborene Weltall aber – (und das ist) Horus – ist weder ewig noch unvergänglich, sondern immer wieder aufs neue geboren, legt er es darauf an ..., immer jung zu bleiben und niemals zugrunde zu gehen".[14]

Manche Forscher (darunter Rudolf Steiner) weisen auch auf die Parallele zur Auferstehung Jesus hin. Der Osiris-Mythos könnte ein Vorbild für die zentrale Botschaft der Christen gewesen sein oder sie zumindest eher verständlich gemacht haben.[15]

Insgesamt können wir feststellen, dass am Anfang eines Totenkults und Jenseitsglaubens oft ganz alltägliche Dinge stehen. Als die Ägypter bemerkten, dass ihre im Wüstensand verscharrten Toten noch nach Jahren kaum verwest waren, kamen sie auf die Idee der Mumifizierung durch Flüssigkeitsentzug oder Austrocknung. Warum hat Anubis, der Gott des Todes, den Kopf eines Schakals? Weil sich die Schakale zu den toten Körpern hingezogen fühlten. Doch dies sind Symbole und Bilder einer Kultur, die uns nicht vertraut ist. Wir werden nach unserem Tod wohl keinem Wesen mit Schakalkopf begegnen.

Zum Abschluss möchte ich zwei Bücher empfehlen, die sich mit der Mystik des Alten Ägyptens befassen. Das eine hat den Titel „Ägyptische Einweihung" und beschreibt die Erfahrungen eines ägyptischen Priesters, der mit Astralreisen experimentiert und schließlich nicht mehr in seinen Körper gelangt. Eine beeindruckende Geschichte.[16]

Das bekannteste Buch ist natürlich die „Einweihung" von Elisabeth Haich (1897-1994), die tatsächlich eine Seherin war und sich in diesem Buch an eine frühere Inkarnation als Tochter eines Pharao erinnert. Das Buch ist enorm eindrucksvoll geschrieben und gibt tiefe Einblicke in ein Wissen, das zeitlos und jenseits von Archäologie ist. Hier ein Auszug, worin der Hohe Priester Ptahhohep der 16-jährigen Prinzessin, die unbedingt die „Einweihung" erhalten will, Folgendes erläutert:

„Die ganze Schöpfung ist der Baum der Erkenntnis des Guten und Bösen! Der Schöpfer – Gott – ist aber keine aus der Einheit herausgefallene und von ihr getrennte, folglich erkennbare Hälfte der Einheit, sondern Gott ist die Einheit selbst. Er steht über allem Geschaffenen, aus der Einheit Herausgefallenen und ruht in sich in vollkommener Einheit. Er ist das Nichts, dem das All entsteigt und sich offenbart, aber in Ihm sind Nichts und All ungetrennte, göttliche Einheit! Schöpfung bedeutet immer nur die eine aus der Einheit herausgefallene, durch das Vergleichen erkennbar gewordene Hälfte der Ganzheit, deren Ergänzungshälfte im Ungeoffenbarten geblieben ist. Darum kannst du Gott – den Schöpfer – in der Welt der Schöpfung nie finden, nie erkennen, weil Gott keine ergänzende Hälfte hat, mit der man Ihn vergleichen könnte. Es gibt überhaupt keine Möglichkeit, Ihn mit etwas zu vergleichen, folglich gibt es auch keine Möglichkeit, Ihn zu erkennen – Gott kannst du nur sein! Höre, mein Kind: Es gibt nur ein ewiges Sein – nur einen Gott. In allem, was lebt, lebt dieses eine, einzige Sein – lebt dieser eine, einzige Gott.[17]

Fragen

Die Kultur und Lebenseinstellung im alten Ägypten ist nirgends so anschaulich, detailliert und (ursprünglich) bunt dargestellt wie in den Grabkammern, etwa im Tal der Könige. Das irdische Leben galt als Vorbereitung für das Ewige Leben nach dem Tod. So vielfältig und konkret die Anleitungen im Ägyptischen Totenbuch sind, einige Fragen bleiben offen oder werden gar nicht gestellt.

Wie haben die Lebenden und die Toten miteinander kommuniziert? Wurden die Gestorbenen auf ihren Besuchen im „Tageslicht" von anderen gesehen? Vielleicht von Eingeweihten? Wenn die Menschen damals derart überzeugt waren, nach dem Tod weiterzuleben, dann muss es auch eine Kommunikationsbrücke zwischen Lebenden und Toten gegeben haben. Möglicherweise gehörte dies zum Geheimen Wissen einer elitären Priesterkaste.

Welche Verbindung bestand im Alten Ägypten zwischen den Lebenden und den Verstorbenen?

Die Verbindung zwischen den Welten war den damaligen „weiterentwickelten" Naturvölkern gegeben. Eine Kommunikation mit den Ahnen war essenziell und normal – aber wie auch heute nur durch einige wenige gewährleistet. Damals waren die „Medien" in aller Regel Priester oder von denen kontrolliert, die Priester wiederum kontrolliert von den Mächtigen und Reichen. Genauso wie heute zeigt sich die Geistige Welt so, wie wir sie wahrnehmen können. Die Vorstellungen der Geistigen Welt sind immer eine erweiterte Spiegelung der Vorstellungen der Lebenden. Da wir ja die Geistige Welt immer nur so wahrnehmen können, wie es im weitesten unseren Vorstellungen entspricht.

Die Menschen sollten ihre Wahrnehmung und Vorstellung hinterfragen und die Realität außerhalb der Vorstellung leben. Nur die Ebene der Erleuchtung ist die Ebene der Realität. Die Lebenden projizieren ihre Vorstellungen auf die Geistige Welt, und mit dieser Absicht und Prägung schauen die Medien – geprägt vom Glauben – in die Geistige Welt. Sie sehen den Spiegel einer Projektion, da die Priester nicht an sich arbeiten dürfen, sondern den Kult propagieren müssen. Nur die, die den Kult unterstützen, werden gefördert oder überleben, alle anderen werden versklavt oder getötet. Somit basiert das Bild des Lebens nach dem Tod auf der Realität des Lebens vor dem Tod.

Macht es Sinn, den Toten Nahrung oder Sprüche mit ins Grab zu geben? Was können die Hinterbliebenen tun, um ihren verstorbenen Liebsten noch zu helfen und ihre Reise zu unterstützen?

Der Erlöste verlässt den Körper lange bevor er ins Grab kommt oder verbrannt wird. All das tun die Hinterbliebenen für sich selbst, um ihre Sorgen und Ängste zu überdecken.

Natürlich ist eine Beisetzung wichtig, um sich zu verabschieden. Das betrifft die Hinterbliebenen ebenso wie die gerade Verstorbenen, die vielleicht noch nicht wahrhaben wollen, dass sie gestorben sind, und stattdessen glauben, in einem langen Traum zu sein.

Kein Ritual wird jemandem in der Geistigen Welt wirklich helfen können. Aber ein schönes Gefühl ist es, und der Gedanke, der damit einhergeht, hat Kraft und hilft den Hinterbliebenen; denn wenn ich jemanden liebe, fördere ich die Liebe in mir. Was oder wen ich liebe, ist letztlich der Stellvertreter oder das Symbol für die Liebe zu Gott.

15 Der Hades und die unsterbliche Seele

Mythos der Unterwelt

Was ist der Hades? Viele kennen das Wort. Es hat etwas mit Tod zu tun. Mit der Unterwelt. Etliche Mythen aus der griechischen Antike sind über die Jahrtausende bis heute in Resten nicht nur in unseren Köpfen erhalten geblieben, sie sind tief in unserem Unterbewussten noch lebendig.

Deshalb gehe ich hier kurz auf einige Geschichten der alten Griechen ein, die direkt oder indirekt mit der Geistigen Welt zu tun haben. Jeder kann an sich selbst überprüfen, ob sie etwas in ihm berühren.

Die wichtigsten Götter und Göttinnen in der griechischen Antike, die bis heute als die Wiege unserer Kultur gilt, heißen Zeus, Apollo, Aphrodite (lateinisch Venus). Hades ist der Gott der Unterwelt und der Toten. Nicht allzu beliebt. Keine Göttin wollte an seiner Seite in dieser dunklen Welt regieren. Daher raubte er sich Persephone, um nicht allein zu sein mit all den Seelen der Verstorbenen, für die es kein Zurück in die Welt der Lebenden gab.

Hades, erstgeborener Sohn von Chronos, dem Gott der Zeit, wurde wie seine Geschwister vom Vater verschlungen und später vom letztgeborenen Sohn Zeus befreit. Chronos wurde besiegt. Nach dem Los erhielt Zeus den Himmel, Poseidon das Meer und Hades die Unterwelt. Der tiefste und schrecklichste Bereich, ‚Tartarus' genannt, diente Zeus als eine Art Strafgefängnis, wohin vor allem Gottesfrevler auf ewig verbannt wurden. Zum Beispiel Sisyphos. Er hatte den Totengott Thanatos überlisten wollen, war mehrmals dem Hades entkommen und sollte zur Strafe einen Felsbrocken ewig einen Berg hoch rollen. Die berüchtigte „Sisyphos-Arbeit". Oder Tantalos, der die Götter zu einem Gastmahl einlud und ihnen seinen jüngsten Sohn gebraten zum Mahl vorsetzte, nur um zu testen, ob sie merken würden, was beziehungsweise wen sie da aßen. Dieser Frevel wurde mit Qualen bestraft, die als „Tantalus-Qualen" ebenfalls sprichwörtlich geworden sind. Auf ewig musste Tantalus als Greis im Wasser stehen, dürstend, ohne von dem Wasser trinken zu können. Die Bibel erwähnt im 2. Petrusbrief, dass Gott abgefallene Engel und Dämonen in den „Tartarus" geworfen habe; und als die Hunnen einfielen, wurden sie von den Römern „Tataren" genannt, weil sie aus der Hölle zu kommen schienen.

Der Hades erscheint in den Mythen wie eine eigenartige Landschaft. Eine Kluft bildet den Eingang. Sie liegt laut Homer am Urstrom Okeanos, der zu den ältesten Göttern zählt. Er umfließt die bewohnbare Erdscheibe und ist zugleich Quelle aller Meere und Gewässer. Der Fluss Styx trennt Ober- und Unterwelt. Den Toten wurde der Obolus, eine Silbermünze, unter die Zunge gelegt. Damit sollte der Fährmann Charon bezahlt werden, damit er sie über den Fluss Styx übersetzte.

Weitere Flüsse umgeben den Hades. Der Kokytos, ein Seitenarm des Styx, heißt auch „Fluss des Wehklagens". Wer daraus trinkt, realisiert, dass er (sie) definitiv gestorben ist. Der Phlegethon dagegen führt kein Wasser, sondern besteht aus unlöschbaren Flammen. Der Flammenfluss windet sich (laut Platons Dialog „Phaidon") durch einen Abgrund zum Tartaros. Lethe wiederum ist durch viele Gedichte und Lieder bekannt als der Fluss des Vergessens. Die Seele muss vor einer Wiedergeburt daraus trinken, um ihr neues Erdenleben unbelastet beginnen zu können.

(In Shakespeares Komödie „Was ihr wollt“ sagt Sebastian: „Füll mir den Becher, Lethe, dunkler Fluss, dass aus dem Traum ich nicht erwachen muss.“)

Als Gegenpart dazu wird in etlichen Geschichten der Fluss der Allwissenheit erwähnt, Mnemosyne, benannt nach der Göttin der Erinnerung.

So wie das Wasser fließt und sich alles verändert – „Alles fließt“ charakterisierte der griechische Philosoph Heraklit das Leben – so ist erst recht in diesem Reich der Verstorbenen alles „im Fluss“. Alles ist flüchtig, halbtransparent, schattenhaft. Das Wasser steht auch für Gefühle und verschwimmende Seelenzustände.

Erst später kam bei den Unterweltsgeschichten die Idee eines Gerichts mit Totenrichtern ins Spiel, vielleicht inspiriert durch die Ägypter. Die für die meisten Seelen vorgesehenen „Elysischen Gefilde“ waren umgeben von der Lethe. In einem Bereich verweilten die Seelen als Schatten, schmerzlos, in einem anderen die Helden im Zustand ewigen Glücks. Andere Mythen siedeln das „Elysion“ jenseits des Okeanos auf den „Inseln der Seligen“ an.

Die alten Sagen erzählen nur von einigen wenigen Sterblichen, denen es gelang, in den Hades vorzudringen und lebendig auf die Erde zurückzukehren. Einer von ihnen soll laut Homer *Odysseus* gewesen sein. Er habe dort den Seher *Teiresias* über seine Zukunft befragt und die Seele seiner verstorbenen Mutter und die einiger Kameraden getroffen. Herakles, als Held und Halbgott verehrt, sollte als letzte von zwölf Aufgaben den dreiköpfigen Höllenhund Kerberos aus dem Hades entführen. Für den Abstieg ließ er sich zuvor in die Mysterien von Eleusis, einen Demeterkult, einweihen. Er konnte schließlich seinen Freund Theseus und Alkestis, die Gattin des Königs Admetos, aus der Unterwelt befreien.

Bis heute am bekanntesten und meistbesungen ist aber wohl Orpheus, ein Halbbruder des Gottes Hermes. Er verzauberte mit seinem Gesang und Lyraspiel die Herzen aller Menschen, Tiere, Pflanzen und Götter. Als seine geliebte Frau, die Nymphe Eurydike, starb, wollte er sie unbedingt aus dem Hades zur Erde zurückholen. Den Fährmann Charon überzeugte er singend, ihn über den Fluss Styx ins Totenreich überzusetzen. Dort traf er den Seelenschatten von Eurydike. Hades erlaubte ihr, Orpheus zu folgen, solange er sich nicht nach ihr umdrehte. Doch nach einiger Zeit schnellen Vorangehens – alles war still hinter ihm – wollte er sich vergewissern. Das brachte seine kühne Unternehmung zum Scheitern. Eurydike verschwand für immer im Hades.

Die unsterbliche Seele

Es war vor allem der griechische Philosoph Platon (428–348 v. Chr.), der die unsterbliche Seele des Menschen in den Mittelpunkt tieferer Betrachtung und philosophischer Lebenseinstellung rückte. Seine Lehre bildet zugleich eine Brücke zwischen dem Totenkult der alten Ägypter und dem christlichen Glauben an ein Ewiges Leben. Platons Grundgedanke lautet: Unsere Seele vergisst im menschlichen Körper auf der Erde ihren göttlichen Ursprung und ihre wahre Heimat.

Tatsächlich ist dieses Erdenleben eine Vorbereitung auf das wahre Sein im „Reich der Ideen", jenseits von Raum und Zeit. Von dorther erhält diese vergängliche Welt überhaupt nur ihren Sinn und ihre Existenzberechtigung.

Jeder Mensch hat allerdings im irdischen Leben Zugang zum Reich der Ideen. Wenn ich mich in jemand verliebe und verzaubert bin von seiner oder ihrer Schönheit, dann erinnere ich mich an die unvergängliche Idee der Schönheit. Als Seele habe ich sie bereits vor meiner Geburt erfahren oder besser „geschaut"; denn was wir als Erfahrung bezeichnen, bezieht sich auf Vergängliches. Die Idee des Schönen, des Guten und Wahren ist jedoch ewig, zeitlos. Ich, als Person mit all den übernommenen Urteilen und Meinungen, kann nicht so ohne Weiteres das Ewige erkennen. Dazu braucht es die hohe Kunst der Erinnerung an das Jenseits, in der sich Philosophen üben. Die „Schau".

Als Platon im Sterben lag, sollen seine letzten Worte an die anwesenden Schüler gewesen sein: „Übe dich im Sterben!“ Sei dir so bewusst wie möglich im Leben, dass du sterben wirst. Achte auf das, was bleibt. Was das Unvergängliche verheißt oder darauf hindeutet.

Das Höhlengleichnis

Platons wohl berühmtestes Gleichnis, das Höhlengleichnis, schildert, wie Menschen, in einer unterirdischen Höhle angekettet, gebannt auf die vorbeiziehenden Schatten auf der Höhlenwand starren. Die Schatten werden durch Figuren erzeugt, die vor einem Feuer hin- und her bewegt werden. So ergeht es uns Menschen. Wir halten die anderen Menschen und Dinge um uns herum für wirklich. Dabei sind sie nur Schatten. Im Höhlengleichnis wird einer der Zuschauer von seinen Fesseln befreit und aus der Höhle heraus nach draußen geführt, wo die Sonne scheint. Er begreift die ungeheure Täuschung. Er kehrt zurück in die Höhle, um die anderen davon zu überzeugen, dass sie getäuscht werden: Die Wirklichkeit ist ganz anders!

Für das Höhlengleichnis gibt es viele spannende Deutungen – die Matrix-Filme gehören dazu. Platons Philosophie der Ideen ist bis heute im Brennpunkt der aktuellen Philosophie und der Frage: Was kann ich (wie) erkennen? Doch hier geht es um das Thema Geistige Welt und Jenseitskontakte. Deshalb beschränke ich mich auf ganz bestimmte Fragen und Aspekte.

Es deutet einiges darauf hin, dass Platon Jenseitskontakte hatte oder zumindest davon wusste. Sein Held Sokrates soll gelegentlich stundenlang an einer Stelle gestanden haben, in spontaner Meditation. Im Werk „Der Staat“ wird von einem Soldaten erzählt, der zehn Tage wie tot dalag und kurz vor seiner Verbrennung ins Reich der Lebenden zurückkehrt. Er berichtet vom Reich der Toten. Wir würden heute von einer Nahtoderfahrung sprechen. Diese Welt der Erfahrungen hier auf Erden in diesem Körper war jedenfalls für

Platon und Sokrates nicht die einzige Wirklichkeit, wie das heute für die meisten der Fall zu sein scheint.

Die Seele hat Flügel

Das Bild der beflügelten Seele ist zwar schon in den alten Pyramiden zu sehen, doch Platon gibt ihm eine Bedeutung, die uns geradezu erschüttern und ergreifen kann. Im *Phaidros* diskutiert Sokrates, Platons weiser Lehrer, mit seinen Schülern über die Liebe (Eros) und damit verbunden über die wahrhaftige Rede. Ein vielschichtiger Dialog. Im Kern geht es darum, was eigentlich die Seele ist. Sokrates stellt sie als „autark" dar. Sie bewegt anderes, kann aber nicht von außen beeinflusst werden.

Die Seele gehört dem Bereich des Unvergänglichen an. Sie fliegt nach dem Tod des Körpers im Pferdewagen durch das Himmelsgewölbe.

Wie auf dem Titelbild der indischen Bibel, der Bhagavadgita, stehen da ein Streitwagen mit einigen Pferden, einem Wagenlenker und einem Fahrgast. Die Pferde stellen die Sinne dar (Sinnesbewusstsein/Manas), der Wagenlenker das Ego-Ich (Ahamkara/Arjuna), der Fahrgast die Ebene der Seele (Krishna/Buddhi) und der ganze Wagen das Bewusstsein (Citta). Wenn der Wagenlenker eins wird mit Buddhi, der Seele, laufen die Pferde wie sie sollen, denn das Sinnesbewusstsein hat keine Macht über den Wagenlenker. Machen die Pferde was sie wollen, bedeutet das, der Wagenlenker lässt sich von den Sinnen beherrschen und hat wohl gar keine Ahnung, dass da eine Seele ist. Dieser kleine Ausflug in die Philosophie von Kapila, der Grundlage des modernen Yogas, zeigt eine Parallele zwischen Platons Seelenlehre und der indischen Philosophie. Je weiter der Mensch in seiner spirituellen Entwicklung ist, desto weniger lässt er sich von seinen Sinnen (ab)lenken und desto stärker ruht er im göttlichen Bewusstsein.

Bei den Göttern geschieht das Lenken der Pferde jedenfalls ohne Probleme. Normale Sterbliche haben dagegen ein folgsames und ein störrisches Pferd im Gespann. Da sind wohl noch einige Begierden im Spiel, die nach unten ziehen. Die Flügel der Seele sollten gut gepflegt und genährt werden, damit sie stark genug sind, den Menschen zu tragen. Was die Federn wachsen lässt und erhält, ist der „Anblick" des Ewigen, der Schönheit, des Guten, des Wahren. Wenn diese „Nahrung" fehlt, stürzt die Seele vom Himmel auf die Erde und muss in einem Körper leben, gefangen wie „eine Auster in der Schale".

Was tun wir in unserem Erdenleben, um die Seele zu kräftigen? Worauf richten wir unsere Aufmerksamkeit? Auf das Vergängliche, auf das Materielle, darauf, etwas zu bekommen, zu erreichen oder loszuwerden? Das habe ich zuvor „die Jagd" genannt. Hauptsache, wir beschäftigen uns nicht mit uns selber und unserem Wesen. Das gilt auch für religiöse oder gläubige Menschen, denen es nicht wirklich um die Seele geht, sondern darum, wie genau die Regeln eingehalten werden, wer sie befolgt und wer nicht. So werden sie zu Jägern und verhärten innerlich. Richten wir unsere Aufmerksamkeit nach innen, auf das Göttliche tief in uns, kann die Seele schweben. Sie ist in ihrer Natur unverletzlich und unsterblich.

Flüsse und Gefühle

Für Platon ist die raum-zeitliche irdische Welt nur ein Abbild des immateriellen Kosmos. Die Seele (Psyche) kommt aus dem Formlosen und kehrt dorthin zurück. Allerdings gibt es Zwischenreiche. Der Hades ist so ein Reich. Es ist nicht rein geistig, sondern immer noch feinstofflich. Das Grundelement heißt Äther. Die verschiedenen Flüsse dort sind nicht aus Wasser wie auf der Erde. Sie repräsentieren Gefühle. Es gibt nach dem Tod keine klare Grenze mehr zwischen außen und innen. Je nach Reife und Erkenntnisgrad der Seele erscheint ihre „Umgebung" grau, verschwommen und öde oder hell, klar und freundlich. Im „Phaidros" nennt Platon den Wohnsitz der Seele nach dem Tod „Die wahre Erde".

Bevor Sokrates das Gift der Schierlingspflanze aus dem Becher trinkt, spricht er sehr gefasst zu seinen Freunden über das, was ihn nach dem körperlichen Tod erwartet: Dass die Seele ohne Körper endlich zur reinen Erkenntnis gelangt. „Dann ist also die Reise, die ich jetzt antreten muss, mit einer herrlichen Hoffnung verbunden. Und das gilt auch für jeden anderen Menschen, der glaubt, dafür gesorgt zu haben, dass sein Geist gewissermaßen gereinigt ist."[18]

Fragen an die Geistige Welt

Welche Informationen über den Hades gibt es in der Geistigen Welt?

Die alten Griechen verwendeten eine sehr bildhafte Sprache, um die Menschen zu berühren. Heute sprechen die Menschen nüchterner, auf Fakten bezogen, was mit dem Einfluss der Naturwissenschaften zu tun hat. Dabei gilt immer noch die Regel, die Geistige Welt zeigt sich den Menschen so, wie sie sie sehen können. Aber auch das scheinbare Faktische, nicht so Märchen- und Sagenhafte ist immer noch ein Abbild der Realität und nicht die Realität selbst. Diese kann nicht wahrgenommen werden.

Der Hades wird von den Griechen aus ihrer Sicht beschrieben. Jeder hat seine Meinung über das Jenseits, und der Hades ist eine treffende Beschreibung vieler Elemente, wie sie in der Geistigen Welt existieren. Die Geistwesen entwickeln sich abhängig von ihrem Entwicklungsstand, den sie auf der Erde erreicht haben. Die Reise geht also nahtlos weiter.

Gibt es so etwas wie Flüsse oder Wasser, das stellvertretend für Gefühle steht?

Es gibt alles in der Geistigen Welt alles, was wir uns vorstellen können, und alles, was sich jedes andere Wesen überhaupt vorstellen kann, denn in der Geistigen Welt – auf der astralen Ebene – leben wir in einer Welt ohne Grenzen. Flüsse und Wasser stehen für die Ebenen der Emotionen und Gefühle, die in der Zeit vor diesem Jahrhundert nicht genügend beachtet wurden.

Sind berühmte Menschen wie Sokrates in der Geistigen Welt? Kann man sie kontaktieren?

Man kann eigentlich alle und jeden kontaktieren – ob der Kontakt erwünscht ist, das ist eine andere Frage. Man sollte sich nach der Motivation fragen. Warum will man irgendeinen berühmten Menschen kontaktieren?

Sind berühmte Götter wie Zeus, Neptun, Hades – oder auch unsterbliche Helden wie Herakles – im Grunde Geister, die sich den Menschen bemerkbar machten?

Die Geistige Welt spiegelt wider, was jeder in sich selber hat, so auch all die Eigenschaften, wofür die Götter stehen. Zugleich wird damit eine Blaupause für die eigene spirituelle Entwicklung gegeben, so dass man im eigenen System Ordnung hat.

In jeder Geschichte, jedem Mythos, jeder Kultur, ob griechisch, indisch oder afrikanisch, steht jede Figur, jeder Held oder Gott symbolisch für Aspekte der eigenen Persönlichkeit.

16 Himmel, Hölle und Jüngstes Gericht

Im apostolischen Glaubensbekenntnis heißt es über Christus, den einzigen Sohn Gottes:

> „Gekreuzigt, gestorben und begraben,
> hinabgestiegen in das Reich des Todes,
> am dritten Tage auferstanden von den Toten,
> aufgefahren in den Himmel;
> er sitzt zur Rechten Gottes,
> des allmächtigen Vaters;
> von dort wird er kommen,
> zu richten die Lebenden und die Toten.“

In den drei monotheistischen Religionen Judentum, Christentum und Islam glauben die Menschen, dass sie sich nach dem Tod vor einem göttlichen Gericht verantworten müssen. Das betrifft jeden individuell (Partikular-Gericht) und die Menschheit insgesamt (Jüngstes Gericht, Welt- oder Endgericht). Die für schuldig Befundenen müssen in der Hölle leiden. Im Neuen Testament (griechische Originalfassung) wird dafür häufig der Begriff „Hades“ verwendet. Die Freigesprochenen, auch als „Gerechte“ bezeichnet, dürfen selig im Himmel beziehungsweise Paradies leben. Laut Matthäus-Evangelium sagt Jesus zu den „Ungerechten“: „Weg von mir, ihr Verfluchten, in das ewige Feuer, das für den Teufel und seine Engel bestimmt ist!“ Weiter heißt es da: „Und sie werden weggehen und die ewige Strafe erhalten, die Gerechten aber das ewige Leben.“ (Mt 25,31–46)

Bilder vom Jüngsten Gericht

Vor allem im Mittelalter, ab dem 13. Jahrhundert, beherrschen die Darstellungen des Jüngsten Gerichts die Gemüter. Über den Eingängen großer gotischer Kathedralen, wie der von Chartres, dem Freiburger Münster oder dem Bamberger Dom, sieht man Christus groß in der Mitte als Richter, links von ihm die Gerechten und rechts die Sünder, die in die Ewige Verdammnis gehen. Es war auch bei den Malern ein beliebtes Thema.

Im dreiteiligen Altarbild (Triptychon) „Das Jüngste Gericht“ von Hans Memling (1433-1494) sitzt rotgewandet Christus im großen mittleren Bild auf einem Regenbogen, die Füße mit den Wundmalen auf einer goldenen Kugel. Auf der Seite der Verdammten (rechts) ist ein Schwert, auf der Seite der Gerechten eine Lilie zu sehen. Maria kniet vom Betrachter aus links, Johannes der Täufer rechts, im Halbkreis stehen die zwölf Apostel. Engel mit Symbolen der Kreuzigung oder mit die Toten aufweckenden Posaunen fliegen im goldenen Himmel und auch in dunkleren Bereichen herum. Unter Christus steht der Erzengel Michael in einer goldenen Rüstung und mit einer großen Waage. Auf jeder Waagschale befindet sich gerade ein Mensch. Die meisten Menschen im Bild sind nackt, einige entsteigen gerade ihren Gräbern. Ihre Gesichter sind entweder ernst und feierlich (links) oder verängstigt und entsetzt (rechts). Die einen werden von Petrus in Empfang genommen, neu eingekleidet und eine Treppe hinauf in eine Kathedrale geführt, die für die heilige Stadt Jerusalem steht. Die anderen werden von schwarzen Teufeln in die Abgründe der Hölle getrieben. In beiden Gruppen finden sich auch Mönche – an den Tonsuren zu erkennen, Frauen und Männer aller Altersgruppen, jedoch keine Kinder.

Anregungen zu diesem und ähnlichen Bildern lieferte die Offenbarung des Johannes, auch „Apokalypse" genannt. Der Autor – es war nicht, wie die Christen anfangs glaubten, der Jünger Johannes – hatte eine Vision von der Zukunft der noch jungen Christenheit, dem Kampf zwischen dem Bösen (Satan) und dem Guten (Christus, das „Lamm Gottes"). Schon damals hofften viele auf die Wiederkehr des Herrn. Im Mittelalter rechnete man geradezu mit dem Jüngsten Gericht zu Lebzeiten. Für die Schrecken der Verdammnis, die mancher andere Künstler, wie zum Beispiel Hieronymus Bosch, noch fantasievoller auszumalen wusste, gab es zu jenen Zeiten genügend konkrete Vorbilder: Brennende Städte, öffentliche Hinrichtungen und Folterungen, Seuchen und Unrat überall. Auch heute sieht es in manchen Teilen der Erde nicht besser aus. Man könnte meinen, man sei bereits in der untersten Hölle gelandet.

Dantes „Göttliche Komödie"

Was das Grauen betrifft, scheint der Fantasie keine Grenzen gesetzt. Die Schilderung des *Infernos* in Dantes „Göttlicher Komödie" ist dafür ein besonders markantes und kunstvolles Beispiel. Der Autor Dante Alighieri (1265-1321) wird von dem römischen Dichter Vergil durch die neun Ebenen der Hölle geführt. Die Hölle ist ein Krater, den Satan hinterließ, als er vom Himmel auf die Erde stürzte. Der Weg führt in enger werdenden Kreisen trichterförmig zur Mitte der Erdkugel. Je tiefer man kommt, desto schlimmer werden die Qualen. Ganz unten ist Satan selbst, erstarrt in einem Eisblock. Anschließend geht die Jenseitsreise weiter durch sieben Buß- oder Läuterungsbezirke des Fegefeuers (Purgatorium) bis zum Garten Eden und von dort in das himmlische Paradies, mit ebenfalls neun Stufen oder Kreisen.

Vergil muss als Heide im Limbus, einem der Hölle vorgelagerten Bereich, verweilen. Wie anderen nicht getauften Seelen (auch

Muslimen, Juden etc.) ist ihm der Himmel verwehrt. Doch aufgrund seines tugendhaften Lebenswandels muss er nicht in der Hölle schmoren. Für seine Aufgabe als Jenseitsführer darf er sogar den Limbus verlassen, allerdings nur bis zum irdischen Paradies. Danach übernehmen Dantes Geliebte Beatrice und schließlich der Theologe Bernhard von Clairvaux die Führung.

Es ist nicht nötig, hier die einzelnen Qualen zu beschreiben, die Dante als Bestrafung für die Sünden ganz bestimmter Personen – darunter auch zeitgenössische Kaiser, Fürsten und Päpste – als „Augenzeuge gesehen" hat. Er greift die Mythologien der Antike auf, mit den Flüssen des Hades, dem Tartaros und seinen Qualen. Andere Quellen sind die Johannes-Offenbarung, die Apokalypse des Petrus sowie volkstümliche Vorstellungen von der Hölle. Die Bestrafung ist eine Art ironische Umkehrung (contrapasso) der jeweils begangenen Sünde: Habgierige können nicht loslassen und müssen deshalb auf ewig Felsbrocken vor sich her schieben. Schmeichler und Huren hocken in ätzendem Kot. Zauberinnen und Seher der Antike sind in ihren Körpern so verrenkt, dass sie nur noch nach hinten schauen können – in die Vergangenheit. Heuchler schleppen Kutten aus Blei, außen vergoldet (wegen des schönen Scheins). Wer immer wieder Streit entfacht oder sogar Glaubensrichtungen entzweit hat (Dante zählt den Propheten Mohammed dazu), wird von Teufeln zerhackt. Dante hatte in seinem Leben unter Verrat zu leiden. Verräter landen bei ihm in der tiefsten Hölle. Sie liegen eingefroren im Eissee Cocytus. Aus dem Eis ragt auch Luzifer heraus, in jedem seiner drei Mäuler werden auf ewig die Erzverräter Judas, Brutus und Cassius zerkaut.

Soweit der 1. Teil mit der Reise durch das Inferno. Im 2. Teil führt der Weg über die Buße für die Sünden durch den Läuterungsberg zum Licht. Im Himmel erschaut Dante die wahren Tugenden und erfährt schließlich das Mysterium der heiligen Trinität, der Dreieinigkeit von Vater, Sohn und Heiligem Geist.

Die „Komödie“ kann als Darstellung der katholischen Lehre, aber auch als Satire und scharfe Kritik in Bezug auf die politische und soziale Situation der damaligen Zeit (speziell in Italien) gelesen werden. Vor allem die Machenschaften und Betrügereien in der Kirche werden schonungslos und buchstäblich beim Namen genannt. Zugleich erlebt der Leser oder Hörer aber eine ungeheuerliche Jenseitsreise, fühlt fast den Kontakt mit Verstorbenen, die ausdrücklich darum bitten, nicht vergessen zu werden. Dantes „Comedia“ gilt als eines der bedeutendsten Werke des Mittelalters und hat bis heute enorme Wirkung auf unsere Kultur, auf Kunst, Musik und Film gehabt. In dem Versuch, zu zeigen, was nach dem Tod geschieht, greift zum Beispiel der Hollywood-Film „Hinter dem Horizont“ Dantes Bildsprache auf. Die Protagonisten, gespielt von Robin Williams und Cuba Gooding jr., sind als verstorbene Jenseitserkunder Vergil und Dante nachempfunden.

Bis heute glauben offensichtlich viele Menschen daran, dass sie nach dem Tod von Gott oder Christus gerichtet und entsprechend mit ewiger Verdammnis bestraft, mit Seligkeit belohnt werden oder bis zum Jüngsten Gericht im Fegefeuer ausharren müssen.

17 Das Tibetische Totenbuch

Zur Orientierung

Bardo Thödol, die: „Befreiung durch Hören im Zwischenzustand", ist eine buddhistische Schrift aus dem 8. Jahrhundert. Sie wurde im 14. Jahrhundert in einer Höhle im Himalaya entdeckt und soll auf einen der Begründer des tibetischen Buddhismus, Padmasambhava, zurückgehen. Der Text enthält Anleitungen für die Seele zwischen Tod und Wiedergeburt und soll dem gerade Verstorbenen zum Teil vorgelesen werden. Er erhält so Anweisungen zur Erkenntnis der wahren Natur, des „Klaren Lichts" des Bewusstseins (*rigpa*), und zur Orientierung im „Land des Wandels", also in der Geistigen Welt.

Wichtig ist zu erkennen, dass die in diesen Zwischenzuständen auftretenden Phänomene, so furchterregend sie sein mögen, *Projektionen des eigenen Geistes* sind. Buddha lehrte, dass die wahre Natur all dessen, was wir für die Welt mit ihren Menschen, Personen und Dingen halten, Leere (*shunyata*) ist. Nichts ist von Dauer und aus sich heraus wirklich. Alles ist bedingt, kommt und geht. Was immer erscheint und wie es erscheint, ist abhängig vom Bewusstsein. Das gilt vor und nach dem Tod des Körpers. Wir Menschen sollten uns durch Meditation und Buddhas Lehre vorbereiten auf das Sterben und die Reise danach.

Das Licht

Im ersten Teil des Buches, *Tschikhai-Bardo* betitelt, wird der Sterbeprozess beschrieben und die wichtigste Chance der Befreiung. Unmittelbar beim Eintritt des Todes kann sich der Geist selbst als reines Licht erkennen. Je besser die spirituelle Praxis des Verstorbenen war, desto länger und deutlicher hält diese Chance der Befreiung an. Die vorgelesenen Worte lauten:

„Sohn von edlem Stamm, N. N. (Name), da nun für dich die Zeit gekommen ist, einen Weg zu suchen, und nachdem dein Atem fast aufgehört hat, wird dir das, was man das Urlicht des ersten Zwischenzustands nennt, und dessen Sinn dir dein Lama früher vor Augen geführt hat, das Sein-an-sich, leer und bloß wie der Himmel als der unbefleckte nackte Geist, der klar und leer, ohne Begrenzung oder Mitte ist, aufgehen. Zu dieser Zeit sollst du dieses erkennen und eben darin verharren! Ich aber werde dich zu dieser Zeit zur Einsicht führen!"

Weiter heißt es:

„... Deine eigene Geist-Natur ist leer an innewohnendem Sein und an jeglicher Substanz, während dein Intellekt leuchtend klar ist. Diese beiden [Geist-Natur und Intellekt] sind untrennbar, und sie sind das Wahre Sein, der Buddha. Deine Geist-Natur, gleichermaßen klar und leer, besteht in einer Fülle von Licht, und da sie frei von Werden und Vergehen ist, ist sie eben der Buddha des unvergänglichen Lichtes..."

In dem Moment, wo das Bewusstsein sich selbst als reines Licht wahrnimmt und keine Trennung von Subjekt und Objekt besteht, ist die endgültige Befreiung der Seele geschehen.

Die Wahrnehmung des Geistes als Licht wird auch von Mystikern aus anderen Traditionen hervorgehoben. Im Kommentar von Eva K. Dargyay und Geshe Lobsang Dargyay zu dieser Ausgabe des Bardo

Thödol heißt es: „Der Geist als Licht ist nicht eine Metapher, ein Bild, es ist eine innere Erfahrung seines Seins, wenn wir den Berichten der Mystiker der verschiedensten Religionen folgen. Die Licht-Meditation im Buddhismus ist primär ein Versenken in den eigenen Geist. Wenn alle Tätigkeiten des Geistes, dieser ununterbrochene innere Dialog, verebbt sind, wenn der Geist klar ist, kein Gedanke ihn mehr trübt, dann erscheint er lichthaft."[19]

18 Spiritismus und die Geister heute

Was ich als Medium tue, nämlich den Kontakt mit Verstorbenen aufzunehmen und eine Verbindung zu den Lebenden herzustellen, wird von vielen Leuten kritisch gesehen, abgelehnt und in eine bestimmte Schublade namens „Aberglaube“ gepackt. Mich persönlich stört das nicht, mir geht es immer nur um die Menschen, die zu mir kommen und wie ich ihnen konkret helfen kann. Die Einordnungen des Verstandes bringen eigentlich für meine Arbeit nichts und sind eher hinderlich. Dennoch möchte ich noch einmal auf Fragen eingehen, die mit allgemeinen Informationen zu tun haben und vielleicht Missverständnisse ausräumen. Was wird unter Spiritismus verstanden, wo kommt er her, wie weit ist er heute verbreitet?

Verbreitung und Einschätzung

In einem aktuellen Lexikon wie Wikipedia wird die mediale Arbeit zum Spiritismus gezählt. Der wiederum gilt offiziell als eine Religion mit geschätzten hundert Millionen Anhängern weltweit. Das wären immerhin knapp ein Prozent der Menschheit. Nehmen wir aber alle heute noch existierenden Formen der Ahnenverehrung, Natur- und Stammesreligionen hinzu und obendrein all die Menschen, die in einer inneren Verbindung zu den Verstorbenen stehen, dann dürfte die Prozentzahl sehr viel höher sein. In allen Religionsgemeinschaften gibt es einen beträchtlichen Anteil von „Spiritisten", auch wenn sie sich nicht als solche zu erkennen geben.

Die Evangelische Zentralstelle für Weltanschauungsfragen (EZW) hat sich mit dem Spiritismus auseinandergesetzt und liefert eine akzeptable Definition:

„Innerhalb des Spiritismus als Weltanschauung gibt es unterschiedliche Richtungen und Akzente. Leitend ist die Vorstellung, wonach die sichtbare Welt, als grobstofflich-materielle, von einer rein Geistigen Welt zu unterscheiden ist, die von Geistern bzw. Verstorbenen „bewohnt" ist. Generell gehen Anhänger dieser Weltanschauung von der Überzeugung aus, dass eine Kommunikation mit der jenseitigen Welt möglich ist. Der Tod wird dabei nicht als Grenze, sondern als Übergang in die jenseitigen Bereiche verstanden."[20]

Auch die Einschätzung am Schluss fällt ziemlich fair aus. Der Spiritismus sei „eine kritische Reaktion auf die Entzauberung der Welt und letztlich als Protestbewegung gegenüber einer rein materialistischen Weltsicht" zu verstehen. Er habe „wichtige Grundüberzeugungen wie Freiheitsdenken und Fortschrittsoptimismus in seine Jenseitsschau integriert". Im Verhältnis zur christlichen Botschaft heißt es: „Wo christlicher Glaube auf Kreuz und Auferstehung und auf das Vertrauen verweist, geht es dem Spiritismus um Sicherheit, Beweiskraft und letztlich um die aus angeblichen jenseitigen Kundgaben gespeiste Gewissheit, dass mit dem Tod nicht alles aus ist." Und als Warnung: „Der Spiritismus steht in der Gefahr, den irdischen Bereich gegenüber den Jenseitsebenen abzuwerten."

Tatsache ist, dass die Kirche jahrhundertelang alle Formen von Jenseitskontakten, die von ihr nicht autorisiert waren, verfolgt und hart bestraft hat. Erst seit der Zeit der Aufklärung, zum Ende des 18. Jahrhunderts, waren spiritistische Sitzungen öffentlich möglich und der Kontakt mit Verstorbenen beziehungsweise „Geistern" ein Thema, mit dem sich sogar Philosophen und Wissenschaftler befassten.

Kurze Geschichte des Spiritismus

Meist wird als Beginn des modernen Spiritismus eine Sitzung mit Klopfgeistern genannt. Die Familie Fox gab 1848 bekannt, dass sie in ihrem gerade bezogenen Haus in Hydesville, im Staat New York, über Klopfzeichen Kontakt mit einem Geist, einem ermordeten Hausierer, hätten, der im Keller begraben war. Die Schwestern Kate und Margarethe führten die Kommunikation im November 1848 vierhundert zahlenden Gästen vor. Jenseitskontakte wurden schon bald zum Trend, über eine Million US-Amerikaner glaubten in jener Zeit daran, also mindestens 5% der Gesamtbevölkerung. Bereits 1847 erschien das erste und sehr einflussreiche philosophische Werk zum Thema von Andrew Jackson Davis (1826-1910), der die amerikanische Linie des Spiritismus begründete.

In Deutschland sorgte bereits 1829 der Doppelband „Die Seherin von Prevorst“ des Arztes und Dichters Justinus Kerner für Aufsehen. Er hatte die kränkliche junge Frau, Friederike Hauffe (1801-1829), medizinisch betreut und die letzten beiden Jahre ihres Lebens bei sich wohnen lassen. Er verstärkte ihre Hellsichtigkeit durch das sogenannte „Magnetisieren“, eine Hypnosemethode des Arztes Franz Anton Mesmer (1734-1815). Das Trancemedium kommunizierte mit Verstorben und aufgestiegenen Meistern und sagte auch erfolgreich einige Ereignisse voraus. Viele Menschen wollten die Seherin live erleben, darunter auch angesehene Philosophen und Schriftsteller.

Fünfundzwanzig Jahre später wurden die Schriften von Davis ins Deutsche übersetzt, und es gab weiterhin interessierte Kreise und Zeitschriften zum Thema. Insgesamt wurde der Spiritismus in Deutschland nicht so populär wie in Amerika und England, allerdings von einigen Wissenschaftlern durchaus ernstgenommen. Eine wissenschaftlich orientierte Ausrichtung ist unter dem Begriff „Parapsychologie“ bis heute aktuell geblieben.

Unabhängig davon entwickelte der Franzose Allan Kardec (1826-

1910) eine eigene Form des Spiritismus, die heute vor allem in Brasilien praktiziert wird, aber auch in Deutschland ihre offiziellen Vertreter hat.[21] Es geht in Kardecs komplexer Weltanschauung, auch *Kardecianismus* genannt, um die ständige geistige Weiterentwicklung der Seelen, verbunden mit Reinkarnation. Wissenschaft, Ethik und christliche Religion verschmelzen hier zu einer besonderen Weltanschauung.

„Der Spiritismus ist eine Wissenschaft, die sowohl die Natur, den Ursprung und das Schicksal der Geister als auch ihre Beziehungen mit der physischen Welt erforscht.“[22]

„Der Spiritismus verwirklicht, was Jesus über den versprochenen Tröster sagte: Kenntnis über die Dinge, indem er den Menschen erklärt, woher er kommt, wohin er geht und warum er auf der Erde ist; er ruft den Menschen zu den wahren Prinzipien des Gesetzes Gottes und tröstet durch den Glauben und die Hoffnung!“[23]

„Nicht der Meinung eines einzelnen Menschen vertraut man sich an, sondern der vereinten Stimme der Geister; nicht ein Mensch, sei ich es oder ein anderer, begründet den Spiritismus; auch nicht ein einzelner Geist, der sich jemandem aufdrängt, sondern die Gesamtheit der Geister, die auf der Erde entsprechend dem Willen Gottes wirken. Dies ist der essenzielle Charakter des Spiritismus, dort liegt seine Stärke. Gott wollte, dass sein Gesetz auf einer unerschütterlichen Basis ruht, und deshalb überließ er es nicht dem schwachen Kopf eines einzelnen Menschen.“[24]

Emma Hardinge Britten (1823 -1899) war eine englische Spiritistin, Autorin, Theosophin und Künstlerin. Die Ausbildung, die ich in England als Medium machte, geht auf ihre Lehre zurück. Sie muss eine enorm mutige, wache und kreative Frau gewesen sein, hat Kunst in Paris und Theater in New York studiert. Die von ihr begründete Zeitschrift „The Two Worlds“ existierte bis 2006. Hier ein Auszug aus Wikipedia:

„1890 gründete sie die *Spiritualist‘s National Federation*, meist als *Spiritualist‘s National Union* (SNU) bezeichnet. Diese sollte die Anschauungen verschiedener Kirchen zu einer Einheit verschmelzen. Die Grundlagen dieser Organisation waren die so genannten sieben Prinzipien, welche sie angeblich 1871 in einer mediumistischen Sitzung vom verstorbenen Robert Owen übermittelt bekommen hatte. Diese wurden mitunter als die *7 Prinzipien des* Spiritismus betrachtet.

- The Fatherhood of God (Die Vaterschaft Gottes)
- The Brotherhood of Man (Die Brüderschaft der Menschen)
- The Communion of Spirits and the Ministry of Angels (Die Gemeinschaft der Geister und der Dienst der Engel)
- The Continuous Existence of the Human Soul (Die fortwährende Existenz der menschlichen Seele)
- Personal Responsibility (Persönliche Verantwortung)
- Compensation and Retribution for all the good and evil deeds done on earth (Ausgleich und Vergeltung für alle auf Erden begangenen guten und schlechten Taten im Jenseits)
- Eternal progress open to every soul (Ewiger Fortschritt, offen für jede menschliche Seele)“

Das magische Dorf

In großen Teilen der Welt, in Asien, Afrika und Südamerika, werden die Ahnen verehrt, um Hilfe gebeten, um Rat gefragt. In den ländlichen Regionen, in Dörfern, wo die Gemeinschaft zusammenhält und jeder den anderen kennt, ist diese Tradition meist stärker ausgeprägt als in den Großstädten.

Vor einiger Zeit hatte ich eine Afrikanerin in einer Sitzung für einen Jenseitskontakt zu ihrem verstorbenen Mann, der ebenfalls aus dem südlichen Afrika entstammte. Das Spannende daran war, dass er aus einem ganz speziellen Dorf kam, das eine unglaubliche Verbundenheit mit der Natur und der Geistigen Welt hatte. Gleich zu Beginn erschienen mir viele Leute aus seinem Dorf. Das war in meiner Arbeit bisher einzigartig, dass ich mit einem ganzen Dorf verbunden war. Die Ehefrau konnte mir bestätigen, dass die Menschen einen sehr starken Zusammenhalt haben. Alle wollten, dass es der Frau und den gemeinsamen Kindern gut geht. Sie sind Teil der Dorfgemeinschaft, auch wenn sie nicht dort leben, sondern in der Schweiz.

Die Verbindung zwischen den Lebenden im Dorf und deren Ahnen in der Geistigen Welt erlebte ich als geradezu magisch und sehr intensiv. Es war, als hätte das irdische Dorf ein Spiegelbild in der Geistigen Welt. Unzertrennlich. Die Verwandten in der Geistigen Welt setzen sich für die Lebenden ein und umgekehrt. Feste und Rituale fanden und finden immer auf beiden Seiten gleichzeitig statt.

Ich erlaubte mir während der Sitzung, näher hineinzuschauen und den lokalen Schamanen in der Geistigen Welt einiges zu fragen. Dabei stellte sich heraus, dass die lebenden Schamanen mit den Schamanen in der Geistigen Welt einen regen Kontakt und Austausch haben. Gemeinsam sorgen sie für das Dorf auf der jeweiligen Seite. Auch innerhalb der Familien existiert diese Verbundenheit, eine Trennung ist unvorstellbar.

Mir ist die Trennung zwischen Diesseits und Jenseits schon immer falsch vorgekommen. Der Schamane bestätigte, wie schade es sei, dass die «naturentfremdeten» Völker diese Verbundenheit ignorieren oder verneinen. So gehe das Wissen und die Weisheit verloren. Durch die Trennung entstehe unnötiger Schmerz, der wieder zu grausamem Verhalten führen kann. Aus seiner Sicht sei dies der Grund, warum die meisten Menschen heute kein Mitgefühl und keine Achtung vor der Natur und dem Göttlichen haben.

Rituale wie Geburten, Hochzeiten oder Beerdigungen werden jeweils auf beiden Seiten ausgeführt und gemeinsam mit vielen Generationen der Familien und aus dem Dorf begangen. Einer der großen Vorteile dieser Verbindung ist natürlich der besondere Frieden im Dorf. Alle wissen, dass sie sich nach dem Tod in der Geistigen Welt wieder unter ihresgleichen finden.

Die Frau bestätigte die für mich wertvollen Ausführungen des Schamanen. Sie war zwar nicht in dem Dorf geboren, sondern hatte nur eingeheiratet; aber durch die Heirat wurde sie Teil der Dorfgemeinschaft und so mit ihr und der Geistigen Welt stets verbunden, wo immer sie wohnt. So war es auch klar, dass nicht nur der verstorbene Vater aus der Geistigen Welt die Kinder begleitet, sondern sich das ganze Dorf darum kümmert. Welch ein wunderbarer Zusammenhalt!

Teil 6
Ende gut, alles gut

Bleibende Eindrücke

Was ist mir beim Lesen besonders wichtig gewesen? Welche waren meine stärksten Eindrücke? Was hat mich gewundert? Was fand ich seltsam oder unstimmig? Womit konnte ich nicht übereinstimmen? Was hat mich tief berührt?

Wenn ich auf diese und weitere, eigene Fragen eingehen und mir dafür etwas Zeit nehmen möchte, kann ich auf ein Blatt Papier oder auch im PC aufschreiben, was mir dazu einfällt. Es lohnt sich.

Jedes Buch ist wie eine Reise, auch wenn es nicht von Anfang bis Ende der Reihe nach gelesen wird. Selbst wenn ich nur ein Kapitel oder hier und da gelesen habe, kann ich mich doch an bestimmte Eindrücke erinnern. In diesem Buch habe ich eine ganz besondere, unsichtbare Welt beschrieben. Diese Geistige Welt existiert hier und jetzt, wie die sinnlich wahrnehmbare Welt. Ich werde sie spätestens nach meinem körperlichen Tod kennen lernen. Ich habe sie beim Lesen dieses Buches allerdings bereits im Geiste besucht.

Auch hier sind mir bestimmt Dinge oder Menschen oder Geschichten aufgefallen, die mich besonders angesprochen oder abgestoßen haben. Es macht Sinn, eine Liste aufzustellen, etwa in der Art: Was möchte ich in der Geistigen Welt erleben? Wen möchte ich treffen? Was will ich auf keinen Fall? Was möchte ich noch wissen?

Das getrennte Ich

Das Leben auf der Erde ist zumeist bestimmt von Angst und Begehren. Wir sind uns oft gar nicht bewusst, wie sehr wir unter Druck stehen, wie sehr wir uns ständig Sorgen machen, wie oft wir versuchen, irgendetwas zu erreichen oder zu besitzen. Wie groß die Angst ist, etwas zu verlieren – einen Partner, einen Job, einen Ruf, das eigene Leben. Die Last wird erst deutlich, wenn sie plötzlich einmal von einem abfällt. Als wenn ich einen Tag lang zu enge Schuhe getragen und mich fast schon dran gewöhnt habe, sie abends ausziehe und wohlig die Füße strecke. Die seelische Last ist allerdings unvergleichlich „schwerer".

Was ist denn der eigentliche Grund für diese Last, die Buddha „dukka", die Unzufriedenheit, nannte? Es ist das kaum noch feststellbare Grundgefühl der Getrenntheit. Es beginnt im Alter von zwei bis drei Jahren mit dem ersten „Ich hier" – „Mama dort". Das Ich wird immer stärker. Es kommt viel Wissen aus der Schule und den Medien dazu, dann all die Erfahrungen mit anderen Menschen. Gefühle von Stolz und Verletztheit, Wut und Angst, Zuneigung und Abweisung, Macht und Ohnmacht. Alles wird eingeordnet in dieses Schema von „ich hier – die Welt und alle anderen mir gegenüber".

Das Ich-Gefühl wird in der menschlichen Gesellschaft ständig gefüttert – durch Anerkennung ebenso wie durch Spott und Herabsetzung. Es ist das, was ich zu sein glaube. Es ist mein Körper, meine Familie, meine Nationalität, und es sind auch meine Ideen, Gedanken, Gefühle, mein Leben, das ich gegen andere verteidigen muss.

Ein großer Teil von diesem scheinbaren Besitz fällt einfach weg, wenn der Körper stirbt. Alles Materielle und was damit verbunden ist. Es ist ein enormer Schock und früher oder später zugleich auch eine Erleichterung. Ich bin schon gestorben. Mir kann nichts mehr passieren. Ich kann mich frei bewegen, schweben. Keine Schmerzen mehr. Herrliche Freiheit.

Doch das Ich ist geblieben. Ich bin immer noch eine Person, mit vielen der Charaktereigenschaften, die ich in meinem Erdenleben erworben habe. Das ist ein Mysterium; aber auch die Überraschung. Wenn ich gestorben bin, geht alles weiter wie bisher. Weil eben nur der Körper gestorben ist. Ich bin noch da. Und das ist es ja, was ich wollte, oder? Ich kann gar nicht anders, als überleben zu wollen.

Echte Erleichterung („Enlightenment")

Der wahre Tod des Ich geschieht in der vollkommenen Auflösung, die Buddha „Nirvana" nannte. Es bedeutet wörtlich: Das Verlöschen der Flamme. Wer möchte schon, dass die Flamme, die ich bin, verlöscht?

Was die spirituelle Entwicklung in etwa erfordert, habe ich immer wieder einmal angedeutet. Eine der ersten Herausforderungen ist, nicht den eigenen Vorlieben und Abneigungen zu folgen. Auch unangenehme Situationen auszuhalten. Sich immer wieder im Körper zu verankern und so zu wissen: Ich bin hier.

Die Trennung zwischen Ich und Welt ist eine Illusion. Sie wird verschwinden. Damit verschwindet im Grunde alles, was wir uns vorgestellt haben und vorstellen. Raum und Zeit, die ganze Welt, Geschichte, Religionen. Hier hört die Sprache auf, Sinn zu machen. Doch etwas Wesentliches kann vermittelt werden.

Abschließen möchte ich mit einer Geschichte aus den indischen Upanishaden.

Yajnavalkya war bereit, seine Rolle als Familienvater und Ehemann aufzugeben und in die nächste Phase seines Lebens einzutreten. Er wollte nun, wie es das spirituelle Leben eines Brahmanen vorsah, abgeschieden im Wald meditieren. Seine beiden Ehefrauen, Maitreyi und Katyayani würden für den Rest ihres Lebens versorgt sein. Maitreyi, das wurde beim Abschied ganz deutlich, war jedoch in ihrem Herzen längst für die Wahrheit entflammt. Sie war nicht um materielle Sicherheit besorgt. Sie konnte auch den Ehemann ziehen lassen. Maitreyi wusste, vielleicht besser als all die gelehrten Brahmanen-Kollegen ihres Mannes, dass Yajnavalkya das Selbst erkannt hatte. Dies war die letzte Gelegenheit, ihn zu fragen. Und sie fragte: „Was kannst du mir über die Unsterblichkeit sagen?"

„Du warst mir stets teuer und lieb“, sagte Yajnavalkya. „Doch dein aufrichtiges Verlangen nach Wahrheit macht mein Herz erst richtig glücklich. Denn das, worum es in jeder Beziehung wirklich geht, ist das Selbst. Was der Mann an der Frau und die Frau am Mann liebt, was den Eltern an ihren Kindern liegt, ja auch den Bauern an ihrem Vieh oder den Priestern an den Veden, das ist in Wahrheit immer das Selbst, Brahman. Denn ob einer nun Menschen liebt oder Schriften, seinen Brahmanen- oder seinen Kriegerstand – das alles wird ihn verlassen. Nur das Selbst bleibt.“ Und er fuhr fort:

„So wie sich ein Salzklumpen im Wasser auflöst und das Wasser überall gleich salzig schmeckt, so löst sich das individuelle Bewusstsein (Jiva) nach dem Tod des Körpers auf. Doch die reine Qualität von Intelligenz, die das Selbst ist, bleibt erhalten.“

Maitreyi war bestürzt und betroffen, völlig durcheinander. Was bedeutete das? Würde sie, wenn dieser Körper stirbt, auch verschwinden?

„Es gibt keinen Grund zur Beunruhigung“, erklärte Yajnavalkya. „In dieser Welt der Erscheinungen, der Dualität, ist es eben so, dass man sich gegenseitig sieht, berührt, zueinander spricht, einander zuhört, über andere nachdenkt, einander kennt. Doch was ist, wenn alles zu einem selbst geworden ist? Wie könnte man da noch etwas als getrennt von sich sehen, hören, fühlen? Und wie können wir Den wahrnehmen und erkennen, der alles wahrnimmt und erkennt? Das Selbst kann nur so beschrieben werden: Neti-neti – weder dies noch das! Es ist unbegreiflich, unzerstör- und unberührbar. Es leidet nicht. Es ist ewig. Dies ist meine Lehre für dich, Maitreyi. Meditiere darüber!” Mit diesen Worten verließ er sein Haus für immer.[25]

Bücher

Ägyptisches Totenbuch. Vom Heraustreten der Seele in das Tageslicht, nach der Übersetzung von Gregoire Kolpaktchy, (orig.: Livre des morts des anciens Égyptiens, Paris 1954), Scherz Verlag, Bern, München, Wien 1970

Ayya Khema: Mystik ist kein Mysterium, O.W. Barth im Scherz Verlag, München 1999

Das Tibetische Buch der Toten. Bardo-Thödol. Editiert und kommentiert von Eva K. Dargyay und Geshe Lobsang Dargyay

Haich, Elisabeth: Einweihung. Aquamarin, Grafing 2015

Kalweit, Holger: Platons Totenbuch. Eminent Verlag, 2006

Kardec, Allan: Über das Wesen des Spiritismus

Kardec, Allan: Das Evangelium im Licht des Spiritismus

Kübler-Ross, Elisabeth: Über den Tod und das Leben danach.

Platon, Phaidon

Salvesen, Christian: Advaita. Vom Glück, mit sich und der Welt eins zu sein. O.W. Barth, München 2003

Schwab, Andy: Die Liebe der Geistigen Welt, Aquamarin, Grafing 2014

Thieme, Paul (Hrsg): Upanishaden, Reclams Universalbibliothek, 1999

Uccusic, Paul: Der Schamane in uns. Ariston 2000

Weden, Wilhelm. Ägyptische Einweihung. Erinnerung an ein Leben als ägyptischer Priester. Fischer, Frankfurt 1982

Voggenhuber, Pascal: Entdecke deinen Geistführer: Wie uns Engel und Geistwesen begleiten. Ansata, München 2013

Voggenhuber, Pascal: Botschafter der unsichtbaren Welt: Wie der Dialog mit dem Jenseits unser Leben bereichert und heilt. Ansata, München 2011

Musik-CDs

Professor Trance & the Energisers: *Shaman's Breath* Island Records

Roth, Gabrielle: *Bones, Initiation, Ritual, Trance, Waves* u.a. (alle Raven/Silenzio)

Garattoni, Jean-Pierre: Bardo (2 CDs), Incontro

DVDs/Filme

Die Übersinnlichen, Regie/Produzent: Thomas Schmelzer, Mystica, München 2016

The Sixth Sense, Regie: M. Night Shyamalan (R), deutsch/engl., Constantin 2008
Hinter dem Horizont, Regie: Vincent Ward (R) deutsch/engl., Universal Pictures Germany
Ghost – Nachricht von Sam, Regie Jerry Zucker, Paramount

Anmerkungen

1 Quelle: Rotraut Wielandt in Andreas Bsteh (Hrg): Der Islam als Anfrage an christliche Theologie und Philosophie, Mödling 1994
2 Sutta Nipata 143-152, Quelle: http://www.bodhibaum.net/rituale&gedichte/metta.htm
3 Ayya Khema: Mystik ist kein Mysterium, O.W. Barth im Scherz Verlag, München 1999
4 Quelle http://www.hirnwellen-und-bewusstsein.de/hirnwellen_1.html
5 Uccusic, S. 20
6 Quelle: http://www.kondor.de/shaman/tod.html
7 http://www.3sat.de/page/?source=/kulturzeit/themen/164883/index.html
8 Quelle: wikipedia
9 Quelle: http://www.bibelwissenschaft.de/wibilex/das-bibellexikon/lexikon/sachwort/anzeigen/details/totenbuch/ch/3eb431b602ce2d6569fc1910fdd9ffc5/ Holger Kockelmann Ja. 2006
10 Quelle: Ägyptisches Totenbuch. Vom Heraustreten der Seele in das Tageslicht, nach der Übersetzung von Gregoire Kolpaktchy, (orig.: Livre des morts des anciens Égyptiens, Paris 1954), Scherz Verlag, Bern, München, Wien 1970
11 Quelle: http://www.selket.de/mumien-und-totenkult/totenbuch/
12 Negatives Sündenbekenntnis I, aus: Kapitel 124 (Quelle wikipedia)
13 Quelle: http://www.selket.de/mumien-und-totenkult/vom-ba-und-ka/
14 Plutarch, Über Isis und Osiris 57
15 Siehe youtube https://www.youtube.com/watch?v=gOy6d-fwkX4
16 Wilhelm Weden. Ägyptische Einweihung. Erinnerung an ein Leben als ägyptischer Priester. Fischer, Frankfurt 1982
17 Elisabeth Haich: Einweihung. Aquamarin, Grafing 2015
18 Phaidon 67, zitiert nach: Holger Kalweit: Platons Totenbuch. Eminent Verlag, 2006
19 Quelle: Das Tibetische Buch der Toten. Bardo-Thödol. Editiert und kommentiert von Eva K. Dargyay und Geshe Lobsang Dargyay

20 Dr. Matthias Pöhlmann, März 2011 http://www.ezw-berlin.de/html/3_142.php

21 Dazu die Webseite http://www.spiritismus-dsv.de

22 Allan Kardec: Über das Wesen des Spiritismus – Präambel

23 Allan Kardec: Das Evangelium im Licht des Spiritismus – Kap. VI - 4

24 Allan Kardec: Das Evangelium nach dem Spiritismus, Einführung, Abschnitt II

25 Quelle C. Salvesen, Advaita, und: Brihadaranyaka Upanishad 2.4.1-16, Reclam, Upanishaden S. 70-77

Der Autor

Andy Schwab, 1965 geboren, arbeitet seit über zwanzig Jahren als Medium und Sensitiver und hatte während dieser Zeit Kontakte zu rund 15.000 Verstorbenen. Darüber hinaus bildet er in Medialität, spirituellem Heilen und Trance aus. Als „Botschafter der Geistigen Welt" ist es ihm ein großes Anliegen, Trost und Hoffnung zu geben, und Menschen ihre Angst und Unsicherheit über den Tod, den Übergang ins Jenseits sowie das Leben danach zu nehmen.

www.andyschwab.com
www.kaleidoskop.org

Die Liebe der Geistigen Welt

Andy Schwab ist eines der erfahrensten Medien der Schweiz! Er arbeitet seit vielen Jahren als „Botschafter zwischen den Welten“ und schildert in diesem packenden Buch seinen persönlichen Weg und seine faszinierenden Erfahrungen in dieser und einer anderen Wirklichkeit. In vielen Erlebnisberichten wird deutlich, auf welche Weise sich die Pforte zwischen der irdischen Sphäre und den geistigen Reichen öffnen lässt und welche Wege die Bewohner jener höheren Welt finden, um sich den Erdenwesen mitzuteilen. Es geht vorrangig um die Gewissheit, dass mit dem Ablegen der physischen Hülle keinesfalls das LEBEN beendet ist. Es setzt sich in einer anderen Schwingungsebene fort. Den Boten aus dieser geistigen Welt liegt es am Herzen, trauernden Hinterbliebenen Nachrichten von ihren eine Welt weiter gegangenen Lieben zu vermitteln und ihnen Mut zu machen, um ihr Leben weiterhin zu meistern. Ein berührendes Werk, das den Schleier zwischen Erde und Himmel ein wenig zur Seite zieht, um Hoffnung zu schenken und die Gewissheit von der Unsterblichkeit der Seele zu bringen!

Andy Schwab
Die Liebe der Geistigen Welt
€[D]17,95 | €[A]18,50
ISBN 978-3-89427-697-3